Historia de la India

Un apasionante recorrido por importantes civilizaciones, imperios, acontecimientos, personajes y religiones

© Copyright 2024

Todos los derechos reservados. Ninguna parte de este libro puede ser reproducida de ninguna forma sin el permiso escrito del autor. Los revisores pueden citar breves pasajes en las reseñas.

Descargo de responsabilidad: Ninguna parte de esta publicación puede ser reproducida o transmitida de ninguna forma o por ningún medio, mecánico o electrónico, incluyendo fotocopias o grabaciones, o por ningún sistema de almacenamiento y recuperación de información, o transmitida por correo electrónico sin permiso escrito del editor.

Si bien se ha hecho todo lo posible por verificar la información proporcionada en esta publicación, ni el autor ni el editor asumen responsabilidad alguna por los errores, omisiones o interpretaciones contrarias al tema aquí tratado.

Este libro es solo para fines de entretenimiento. Las opiniones expresadas son únicamente las del autor y no deben tomarse como instrucciones u órdenes de expertos. El lector es responsable de sus propias acciones.

La adhesión a todas las leyes y regulaciones aplicables, incluyendo las leyes internacionales, federales, estatales y locales que rigen la concesión de licencias profesionales, las prácticas comerciales, la publicidad y todos los demás aspectos de la realización de negocios en los EE. UU., Canadá, Reino Unido o cualquier otra jurisdicción es responsabilidad exclusiva del comprador o del lector.

Ni el autor ni el editor asumen responsabilidad alguna en nombre del comprador o lector de estos materiales. Cualquier desaire percibido de cualquier individuo u organización es puramente involuntario.

Índice

INTRODUCCIÓN 1
CAPÍTULO 1: INDIA: UNA ANTIGUA INTRODUCCIÓN 3
CAPÍTULO 2: LA CIVILIZACIÓN DEL VALLE DEL INDO Y LOS INDOARIOS 8
CAPÍTULO 3: LA INDIA MEDIEVAL Y SUS IMPERIOS (600-1450 E. C.) 21
CAPÍTULO 4: EL IMPERIO MOGOL: UNA LUCHA POR LA SUPREMACÍA 31
CAPÍTULO 5: LA INDIA COLONIAL Y LA COMPAÑÍA DE LAS INDIAS ORIENTALES 44
CAPÍTULO 6: GANDHI: LIBERTAD Y PARTICIÓN 56
CAPÍTULO 7: LA REPÚBLICA DE LA INDIA 62
CAPÍTULO 8: CULTURA INDIA 72
CAPÍTULO 9: INDIOS INFLUYENTES EN LA HISTORIA 78
CAPÍTULO 10: BUDISMO E HINDUISMO 84
CONCLUSIÓN 90
FECHAS 93
GLOSARIO 96
VEA MÁS LIBROS ESCRITOS POR ENTHRALLING HISTORY 99
BIBLIOGRAFÍA 100

Introducción

La historia de la India es la historia de todo un subcontinente. La India actual tiene un tercio del tamaño de Estados Unidos o Europa, pero su historia incluye partes de lo que hoy son Pakistán, Bangladesh e incluso Afganistán. También ejerció una enorme influencia en otros países asiáticos, tanto directamente en Camboya y Srivijaya (la actual Indonesia) como indirectamente a través de la exportación del budismo al Sudeste Asiático, China y Tíbet.

La India albergó algunas de las primeras civilizaciones del mundo y posee una historia inmensamente rica. India parece haber absorbido nuevas influencias en lugar de reemplazar las antiguas; así, hoy en día, contiene un poco de todo: rica cultura hindú, recuerdos de los mogoles en arquitectura y arte, burocracia británica (¡intente a reservar un billete en los ferrocarriles indios!), arte tribal y una floreciente nueva industria de tecnología informática. La India, hoy una nación democrática y oficialmente laica, conserva su increíble diversidad.

Toda esa riqueza puede hacer que la historia india resulte confusa. También lo puede hacer el hecho de que, hasta hace poco, gran parte de la historia india se veía con ojos coloniales. El *raj* británico veía la historia india como la historia de las dinastías e intentaba separar y distinguir las distintas razas; partía de la base de que la India nunca cambiaba («esencialismo» u «orientalismo»). A menudo, solo se utilizaban textos en sánscrito para comprender la historia india, y se pasaba por alto la contribución islámica a la India, así como los movimientos hindúes medievales.

Y fieles a su estrategia de «divide y vencerás», los historiadores del Raj veían la historia india como una sucesión de épocas mutuamente excluyentes. No entendían cómo, por ejemplo, un solo rey del sur de la India podía patrocinar las religiones jainista, budista e hindú sin parcialidad, o cómo el emperador Akbar mezclaba la herencia hindú y rajput de su esposa con las raíces turcas y musulmanas de su dinastía.

Las distintas épocas se solapan. En la India de hoy viven habitantes aborígenes en las islas Andamán, pueblos tribales como los gond y los monda, trabajadores de telecentros y empresas de TI, limpiabotas y conductores de bicitaxis. Puede que se encuentre con el director general de una empresa tecnológica estadounidense subiendo descalzo a una montaña sagrada o con una pintora tradicional que dejó su trabajo en marketing para unirse al estudio de arte familiar.

Pero la superposición de distintas capas no hace que la India sea eterna. La primitiva colección de poesía religiosa llamada *corpus védico*, o *Vedas*, no ha cambiado desde un milenio antes de la era común, pero sí lo ha hecho la forma en que se han interpretado y utilizado los textos. Este libro le mostrará cómo se ha desarrollado la religión a lo largo de los siglos y, en ocasiones, de forma distinta en las diferentes zonas de la India.

Este libro le ayudará a navegar por las diferentes corrientes de la historia de la India sin empantanarse. En primer lugar, adopta un enfoque ampliamente cronológico; luego, al final, existe la posibilidad de profundizar en las personalidades, la cultura india y la India actual.

Algunas historias anteriores se basan en el trabajo del siglo XIX y principios del XX, que se vio afectado por el colonialismo, incluso cuando el historiador no tenía nada que objetar. Este libro utiliza trabajos de escritores como Shashi Tharoor, que ha analizado los «beneficios» del imperio de una forma ligeramente diferente, así como William Dalrymple, que ha utilizado textos en lengua persa para reinterpretar la historia mogol y los primeros tiempos de los británicos en la India.

Es mucho pedir condensar miles de años de historia en un libro pequeño. Pero si quiere conocer la historia de la India sin tener que leer los 24 volúmenes de la *New Cambridge History of India* (la Nueva Historia de la India de Cambridge), por ejemplo, entonces este libro le proporcionará un buen comienzo.

Capítulo 1: India: Una antigua introducción

Para iniciarse en la historia de la India, primero hay que comprender las enormes dimensiones de la tarea. La India es grande y tiene una historia muy, muy larga.

Considere, por ejemplo, que India tiene hoy la segunda población más grande del mundo (junto a China) y es el séptimo país más grande por área geográfica. Según el censo de 2011, India tiene 1.200 millones de habitantes, cifra que aumentará hasta casi 1.400 millones en 2022. (Estados Unidos, en comparación, tiene una población total de 331 millones).

India no solo es un país muy grande, sino también muy diverso. Sus 1,3 millones de kilómetros cuadrados incluyen el alto Himalaya, varios desiertos, selvas tropicales, costas en dos océanos y al menos seis zonas climáticas diferentes. Lambada, en el norte, está aproximadamente en la misma latitud que el norte de África; Kanyakumari, en el extremo sur, está en la misma latitud que Etiopía, Gambia o Ecuador. Va desde el nivel del mar hasta la cima del Kanchenjunga, a 8.586 metros, la tercera montaña más alta del mundo.

India también es un país lingüísticamente diverso, con veintidós lenguas diferentes reconocidas oficialmente y muchas más lenguas y dialectos no reconocidos. Alrededor de tres cuartas partes de sus lenguas proceden de la misma familia indoaria, con las lenguas drávidas no emparentadas del sur de la India (tamil, malayalam, canarés y télegu) y dos lenguas sino-tibetanas (manipuri y bodo) que constituyen la mayor parte del resto. Muchos indios son multilingües, y los indios con estudios suelen hablar hindi, inglés y al menos otra lengua india.

En cuanto a religión, el 80% de la población es hindú y el 14% musulmana, con importantes minorías cristianas, sijs y jainistas. También cuenta con una minoría budista que aumentó cuando 100.000 refugiados tibetanos se dirigieron a la India tras la toma del Tíbet por los chinos (el Dalai Lama era uno de ellos) y con la conversión masiva de casi medio millón de intocables dirigida por B.R. Ambedkar.

Las identidades pueden ser muy fluidas. Las abuelas de Ladakh, con sus tradicionales vestidos largos y delantales, comparten el trabajo en el campo con sus nietos, que llevan Ray-Ban y cursan un MBA en el IIT de Delhi. Un sacerdote en un templo, con su toga formal y una marca de tridente en la frente, puede resultar ser un ex jugador de críquet o un director de marketing. India es un lugar donde una chica cristiana de una tribu desfavorecida puede convertirse en campeona de boxeo y miembro del Rajya Sabha (equivalente al senado), y un recogedor de basura de casta inferior puede convertirse en alcalde de una gran ciudad.

La geografía de India dictó en parte su historia. Su ubicación entre Asia Central, al noroeste, y China, al noreste, significó que India siempre estuvo abierta a influencias, invasiones o comercio, pero el Himalaya también formó una importante barrera, de modo que India siempre se mantuvo ligeramente apartada. Los pasos desde Asia Central incluyen el valle de Swat, el valle de Hunza y el paso de Khyber (también escrito Jáiber); este último adquirió gran importancia cuando Gran Bretaña y Rusia compitieron en el «gran juego» por dominar la zona en el siglo XIX. En la costa occidental, el comercio marítimo con África Oriental, Oriente Próximo y (más tarde) Portugal e Inglaterra creó riqueza, mientras que desde la costa oriental, la influencia india llegó a Tailandia, Camboya, Birmania e Indonesia.

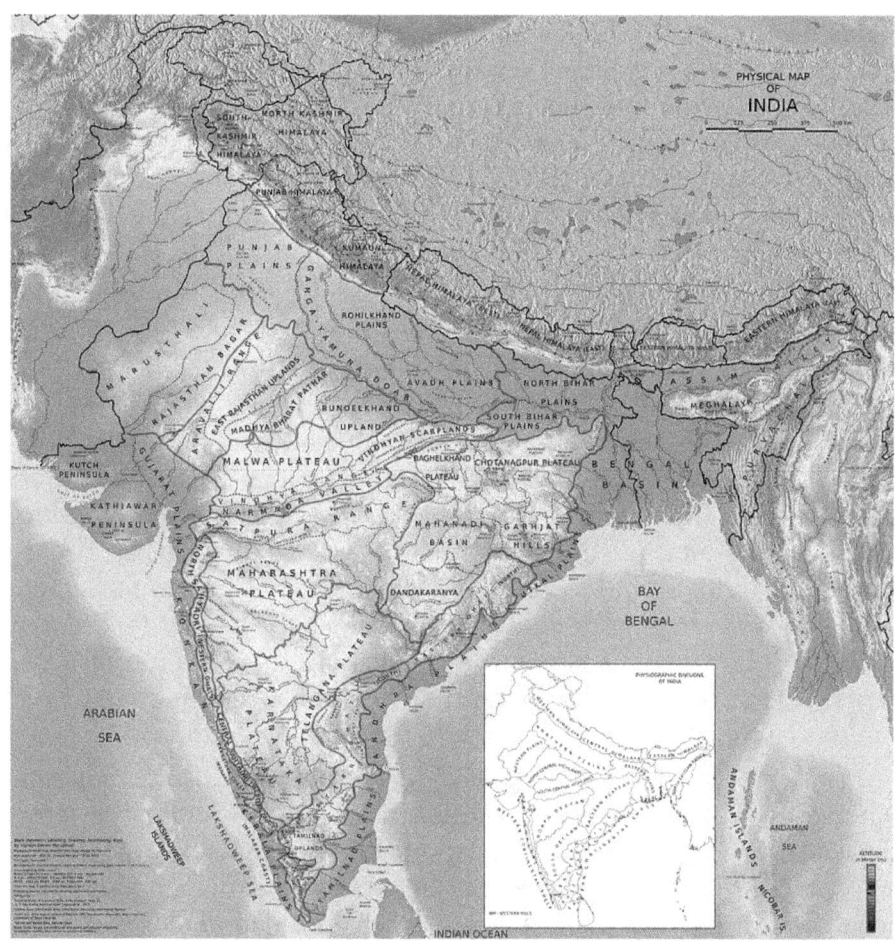

El mapa de la India muestra claramente la gran barrera del Himalaya al norte y la llanura indogangética

Vigneshdm1990, CC BY-SA 4.0 <https://creativecommons.org/licenses/by-sa/4.0>, vía Wikimedia Commons; https://commons.wikimedia.org/wiki/File:Physical_Map_of_India.jpg

Dentro del subcontinente, las diferencias regionales son importantes, tanto geográfica como culturalmente. La India puede dividirse en tres regiones principales: el norte, desde el Himalaya y el Hindú Kush hasta el fértil Punyab (parte de esta zona se encuentra ahora en Pakistán); la llanura del Ganges, de fértil limo, regada por los ríos Ganges y Yamuna; y el sur, dividido de la llanura del Ganges por los traps del Deccan (una zona de basalto volcánico muy erosionado). A menudo, la historia de cada una de estas regiones era diferente de la de las demás. Por ejemplo, aunque el Imperio mogol se apoderó del norte y las llanuras, nunca pudo penetrar más al sur.

La historia de la India comenzó con una cultura paleolítica que utilizaba sencillos refugios rocosos. El yacimiento más famoso de la Edad de Piedra de la India es Bhimbetka, en el centro del país, donde se conservan más de 750 refugios rocosos; las pinturas rupestres de Bhimbetka datan de una época tan temprana como el 8.000 a. e. c.. Los primeros habitantes del yacimiento utilizaban herramientas básicas de piedra, como guijarros desprendidos; más tarde, en el Mesolítico, crearon nuevos tipos de herramientas, microlitos como diminutas puntas de flecha, que facilitaban mucho la caza. Las pinturas de esta época representan temas de animales y caza, así como figuras de mujeres embarazadas, lo que demuestra una preocupación por la fertilidad.

Los yacimientos mesolíticos de otras zonas del norte y centro de la India demuestran que se consumía grano, ya que se han encontrado molinos de mano y piedras para moler harina. Los huesos de animales hallados en estos yacimientos incluyen ciervos, jabalíes, cabras y avestruces (este último extinguido en la India). Los enterramientos suelen encontrarse dentro de la zona habitada, con ajuares funerarios; es probable que estas personas creyeran que el espíritu del difunto permanecería con ellos como parte de la familia, algo que se encuentra en otras culturas primitivas, como Catal Huyuk en Turquía.

En el Neolítico se produjeron grandes avances. La agricultura se generalizó, los animales se domesticaron y la cerámica permitió almacenar mejor los alimentos; ahora las herramientas de piedra se pulían mucho, creando bordes más afilados y una sorprendente mejora de la eficacia. Es probable que pequeños grupos de pueblos neolíticos se solaparan por todo el país: se han encontrado restos de esta fecha en el valle del Swat y Cachemira y en los valles del Godavari y el Krishna, más al sur. Bhimbetka siguió habitada en tiempos históricos; pinturas rupestres posteriores muestran guerreros a caballo o montados en elefantes.

Aunque la agricultura avanzó en el Calcolítico (2000-900 a. e. c.) y los habitantes de la cordillera de Aravalli, rica en minerales, desarrollaron la metalurgia del bronce y el cobre, estos asentamientos no parecen haberse convertido en ciudades a gran escala. Es probable que la sociedad de estos asentamientos fuera relativamente igualitaria, con una jerarquía plana y estructuras sociales basadas en clanes. Muchas de estas culturas seguían obteniendo gran parte de sus alimentos de la caza o la recolección, y la agricultura podía basarse al principio en el cultivo itinerante: quemar una zona de bosque para utilizarla durante unos años y seguir adelante una vez agotado el suelo.

En textos indios posteriores, el bosque se convierte en un lugar aterrador lleno de *rakshasas* (demonios). Por ejemplo, en el Mahabharata, Krishna y Arjuna queman totalmente el bosque de Khandavá para despejarlo y asentarse en él. En el Ramayana, el príncipe Rama es desterrado de la ciudad de Ayodhya al bosque con su mujer y su hermano. Incluso ahora, puede que le digan que no vaya a la «jungla» (un lugar salvaje) «porque allí hay gente mala».

Es difícil saber cuándo ocurrió esto exactamente, pero a medida que la agricultura se generalizó y las poblaciones se asentaron, surgió una polaridad entre la aldea y lo salvaje (*grama / aranya*) y el campo y el bosque (*kshetra / vana*) que resuena en la cultura india posterior. Cabe suponer que esto pudo ocurrir en torno a la época en que se crearon las primeras ciudades, que es el tema del siguiente capítulo.

Capítulo 2: La civilización del valle del Indo y los indoarios

La civilización del valle del Indo comenzó en el noroeste del subcontinente, donde el Indo y otros varios ríos fluyen a través de una amplia y fértil llanura aluvial. La zona en la que creció esta civilización se divide hoy entre India y Pakistán, y los dos yacimientos principales, Harappa y Mohenjo-daro, se encuentran en Pakistán; sin embargo, la cultura se extendió hasta el sur, en Rajastán y Guyarat, y al este, hacia el Ganges. Incluso se han encontrado vestigios de esta cultura en el golfo Pérsico, al oeste de Omán, lo que demuestra que estos indios comerciaban mucho.

La civilización del valle del Indo parece haber comenzado a principios del tercer milenio antes de la era común o un poco antes y duró hasta 1750 a. e. c. Muchos yacimientos muestran una ocupación continua durante este periodo, con una continuidad cultural sustancial entre los periodos preharappa, maduro y tardío. Sin embargo, esta cultura desapareció completamente de la vista tras su declive; los principales yacimientos no se descubrieron y excavaron hasta las décadas de 1920 y 1930.

Estas ciudades son de gran extensión y marcan el inicio de la cultura urbana en la India. Mohenjo-daro ocupa 200 hectáreas, y la ciudad baja pudo tener una población de 42.000 habitantes. Aunque los yacimientos prehispánicos no muestran grandes avances tecnológicos, es evidente que el sistema de organización social debía ser bastante más complejo que el de la cultura de los abrigos rocosos.

	Fecha
Preharappa	Finales del IV milenio a. e. c. o anterior
Harappa temprano	3300-2600 a. e. c.
Periodo maduro de la civilización del Indo	2600-1900 a. e. c.
Periodo tardío de la civilización del Indo	1900-1750 a. e. c.

Las redes comerciales llegaron a ser bastante extensas, vinculando a diferentes comunidades y dando lugar a una cultura material uniforme en los diferentes yacimientos que se han encontrado. Se cultivaron diversos productos, como guisantes y algodón, y se domesticó el búfalo de agua. Al final del periodo inicial, los sellos ya utilizaban la escritura Harappa, que aún no ha sido descifrada. (Puede que se tratara de una escritura pictórica o incluso de un método de recuento. La mayoría de las inscripciones que se han encontrado son muy cortas —la más larga solo tiene 34 caracteres, y la mayoría solo incluye cinco o seis signos—, lo que dificulta especialmente su interpretación).

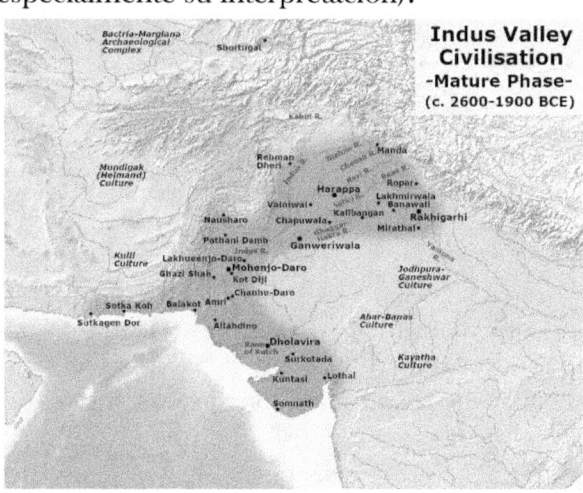

Mapa de la civilización del valle del Indo

Avantiputra7, CC BY-SA 3.0 <https://creativecommons.org/licenses/by-sa/3.0>, vía Wikimedia Commons; https://commons.wikimedia.org/wiki/File:Indus_Valley_Civilization,_Mature_Phase_(2600-1900_BCE).png

Las ciudades de la «civilización del valle del Indo» (abreviado frecuentemente «IVC» por sus siglas en inglés) contaban con un avanzado urbanismo en cuadrícula y un sistema de saneamiento que incluía el uso de desagües cubiertos, así como enormes graneros que permitían a sus habitantes almacenar grano como seguro contra la sequía. Las enormes murallas de las ciudades tenían una función defensiva, pero también eran útiles como protección contra las inundaciones. Las casas no diferían mucho en tamaño o estilo, y casi todas tenían acceso a pozos de agua potable; esto da la impresión de una sociedad sin grandes extremos de riqueza o pobreza. Incluso en su estado ruinoso, Mohenjo-daro sigue siendo muy impresionante.

La especialización de los oficios ya es evidente, con una concentración de determinados oficios en sus propias zonas de la ciudad. Esto sigue ocurriendo hoy en día en las ciudades indias: todos los fabricantes de dulces están en una calle, todos los metalúrgicos en otra.

La IVC tenía una metalurgia avanzada, incluyendo el uso de la fundición de bronce a la cera perdida y el uso de cobre, bronce, plomo, estaño y varias aleaciones, así como oro. También desarrolló un sistema estandarizado de pesos y medidas, y el uso de un patrón cuadriculado para las ciudades demuestra que la cultura tenía nociones de topografía y geometría.

Una característica intrigante de la IVC es que las ciudades no parecen tener un centro sagrado. Por lo tanto, parece probable que las ceremonias religiosas se llevaran a cabo dentro de las casas. Tampoco hay tumbas monumentales, como en otras civilizaciones contemporáneas. Un sello muestra una figura sentada con un tocado de cuernos, rodeada de animales, que podría ser una especie de figura de «dios con cuernos», y las figurillas femeninas podrían indicar un culto a una diosa, pero no todos los arqueólogos están de acuerdo con esta interpretación.

Las dos ciudades más grandes de la IVC, Harappa y Mohenjo-daro, florecieron alrededor del 2600-2000 a. e. c.. Después entraron en decadencia y acabaron siendo abandonadas por razones que siguen sin estar claras. En un principio se pensó que una invasión aria destruyó las ciudades; sin embargo, parece más probable que los responsables fueran los cambios climáticos. La IVC tenía un buen drenaje, pero carecía de sistemas de regadío, por lo que las ciudades estaban muy expuestas a los aumentos de temperatura y a los cambios en el curso de los ríos de los que dependían. Parece probable que los habitantes de las ciudades acabaran dirigiéndose al este, hacia la aún fértil llanura del Ganges.

Diferentes culturas evolucionaron en otros lugares de la India, pero ninguna fue tan espectacular como la cultura del valle del Indo. En la llanura indogangética se encontró hierro en el primer milenio a. e. c. Las marcas de cortes en los huesos demuestran que se comían vacas; al sur del Ganges se cultivaba arroz y es frecuente encontrar figuras animales de terracota. Hubo una larga continuidad de pequeños asentamientos, principalmente de chozas de bahareque.

En los valles meridionales de los ríos Kaveri, Tungabhadra, Krishna y Godavari, ya en el III milenio a. e. c. habían surgido pequeñas comunidades agrícolas. Cultivaban arroz y mijo, además de tener ovejas, cabras y búfalos. Enterraban a sus muertos en el interior de sus chozas, curiosamente con los pies cortados.

Sin embargo, en el primer milenio cambiaron sus ritos funerarios y crearon enterramientos megalíticos similares a los de las culturas no indias. En esta época llegaron los caballos a la India, y a menudo se encuentran arneses como ajuar funerario, junto con azadas y hoces, así como armas. (Algunos yacimientos posteriores también incluyen monedas romanas, lo que demuestra lo lejos que viajaban los comerciantes indios).

El Rigveda y los arios

Alrededor del año 1200 a. e. c. es cuando la India abandona la prehistoria y comienzan las fuentes textuales, como el Rigveda y otros textos védicos. Sin embargo, es probable que estos textos no se escribieran hasta bastante más tarde, sino que se transmitieran oralmente durante siglos. La principal preocupación de estos textos es orientar al lector sobre cómo llevar a cabo los rituales religiosos (una especie de manual de instrucciones), por lo que la narrativa es accesoria y a menudo hay que recrearla a partir de referencias que solo insinúan los mitos.

En la mayoría de las zonas, como Europa o América Central y del Sur, las primeras culturas se conocen a través de su arqueología, pero no de los textos. En la India, en cambio, el periodo ario primitivo se conoce mucho mejor a través de los textos, y hasta ahora las pruebas arqueológicas han sido muy limitadas.

Los historiadores del siglo XIX y principios del XX creían que los Vedas fueron escritos por un pueblo ario que había invadido desde Asia central. Sin embargo, el descubrimiento de la cultura Harappa hace poco probable esta teoría. Parece más probable que se produjera una migración gradual de hablantes de lengua aria y que las sociedades indias existentes adaptaran (y se adaptaran a) la cultura recién llegada. Resulta curioso que, aunque existe un vínculo lingüístico entre la lengua de los Vedas y el iranio antiguo, los dioses y los demonios parecen haber cambiado de bando; el dios del sol Indra y los *devas* son «demonios» en el Zend-Avesta (escritura iraní primitiva), mientras que Ahura, un dios en el Avesta, se convierte en el Ashura o demonio indio.

Los sacrificios de caballos son fundamentales en el Rigveda como medio para demostrar la legitimidad de un gobernante. Dado que no se conocen caballos a mediados de la era Harappa, parece probable que los recién llegados trajeran caballos consigo. Por otra parte, es bastante notable que los asentamientos urbanos, como los de Mohenjo-daro y Harappa, estén completamente ausentes del Rigveda. Tampoco menciona sistemas de intercambio, por lo que es evidente que la obra se basaba en una forma de sociedad muy diferente. (En los sellos harappanos aparecen rinocerontes y tigres, pero, al igual que las ciudades, no aparecen en el Rigveda).

Algo más tarde que el Rigveda, se añadieron las dos grandes epopeyas Mahabharata (400 a. e. c.) y Ramayana (500 a. e. c.), ahora escritas en sánscrito puro. El Mahabharata narra la historia de una guerra en la fértil llanura que rodea Delhi y probablemente relata hechos ocurridos mucho antes, quizá entre 950 y 800 a. e. c. En él, los hermanos Pándavas se enfrentan a los Kauravas, que los destierran al bosque y más tarde les declaran la guerra. Los Pándavas ganan con la ayuda de Krishna, que da a uno de ellos una conferencia filosófica en el Bhagavad Gita (parte del libro 6 del Mahabharata). Krishna, un Yádava, tiene su base en Dwarka, Guyarat, una zona en la que parece que la IVC seguía activa tras el fin de las ciudades Harappa.

Al desplazarse la acción del Indo y el Punyab a la llanura del Ganges, se produjo un cambio gradual en la naturaleza de la agricultura y la sociedad. Los arios eran agropastoriles que utilizaban la vaca como medida de valor y yuntas de seis u ocho bueyes para arar. Cultivaban arroz en lugar de trigo, que había sido el alimento básico del norte. También llegaron con nuevos dioses, el principal de los cuales era Agni, el dios del fuego, y les rendían culto mediante sacrificios y otros rituales.

El hogar era el núcleo del culto en la sociedad aria. Otros dioses son el dios del sol Suria, Indra, Pushán, Savitrí y el dios de la muerte Iama, así como seres celestiales como los gandharvas.

(La palabra «ario» conlleva mucho bagaje, ya que fue utilizada por los británicos y más tarde por los nazis para indicar una identidad racial concreta. En realidad deberíamos referirnos a ellos como «hablantes arios». Parece que eran una comunidad lingüística más que una raza y que con el tiempo absorbieron a muchas de las comunidades existentes en la India).

Los arios parecen haber traído consigo el concepto de una sociedad de castas, con cuatro castas: los *brahmanes* o sacerdotes, los *kshatriya* o gobernantes/guerreros, los *vaishyas* (agricultores y mercaderes) y los *shudrás* (trabajadores). Como ya se ha mencionado, en los Veda, las preocupaciones de los sacerdotes eran primordiales; el lector se interesaba por cómo realizar los rituales. Sin embargo, en la época en que se escribió el Mahabharata, los *kshatriya* dominaban claramente; la política de la corte, las escaramuzas y la lucha en las guerras eran sus temas principales. La sociedad que describe el Mahabharata es claramente muy diferente de la sociedad plana de la civilización del valle del Indo. La creación de la casta *shudrá* demuestra que el trabajo se había convertido en algo que podía pagarse, por ejemplo.

En este sentido, la práctica del sacrificio de caballos es sumamente importante. Un caballo habría sido una inversión cara, y la necesidad de estos costosos sacrificios introdujo una barrera de entrada para los jefes de clan y los obligó a depender de los sacerdotes. Esto aumentó el estatus y el poder de las dos castas superiores a expensas de las demás.

La religión aria también se basa en los conceptos de pureza y contaminación. La muerte, por ejemplo, es una forma de contaminación; también lo es tocar o comer y beber con alguien de una casta inferior. Además, la religión aria introdujo la idea de la vaca como animal sagrado, con el resultado de que el estiércol y la orina de vaca se consideran puros en términos rituales. (De hecho, el estiércol de vaca se utiliza como fuente principal de combustible tanto para calentar como para cocinar en la vida tradicional india).

Esta sociedad debió de parecerse un poco a la de los primeros celtas, basada en clanes con jefes que se dedicaban al robo de ganado, pero también a forjar alianzas mediante la entrega de regalos. Las genealogías empezaron a cobrar importancia en esta época, cuando los jefes de guerra temporales dieron paso a las dinastías.

Resurgimiento de la cultura urbana

Alrededor del año 600 a. e. c., las ciudades empezaron a resurgir, principalmente en la cuenca del Ganges, y tendían a ubicarse en las colinas que flanquean la cuenca más que en la llanura propiamente dicha. Surgieron centros comerciales en Champa, Rajagriha, Kaushambi, Kashi (Varanasi), Vaishali, Shravasti, Ujjain y Taxila. Alrededor del año 500 a. e. c., Kaushambi parece haber tenido una población de unas 36.000 personas, una ciudad de tamaño considerable. El cultivo de arroz húmedo en esta zona podía producir tres cosechas al año, lo que generaba un importante excedente agrícola que podía mantener a la población de las ciudades.

Ciudades como Kaushambi, Rajagriha y Shravasti ocupaban grandes extensiones. Realizaban intercambios comerciales a larga distancia, sobre todo de artículos de lujo, y en esta época se introdujo la acuñación de monedas. Es posible que la primera moneda fuera un invento de los profesionales del mercado, más que de los gobernantes, para satisfacer sus necesidades de un método de intercambio más seguro y sencillo que el trueque.

El cambio en la organización social, que pasó de una cultura de incursiones dirigida por jefes a una cultura urbana de *gana-sanghas* (asambleas), creó un nuevo entorno intelectual. El debate entre ideologías y filosofías rivales se convirtió en algo habitual. Al mismo tiempo, el número de castas pasó de cuatro a dos: *Kshatriya*, la clase dirigente, y *dasa-karmakara*, trabajadores y/o esclavos. La lengua también cambió del sánscrito al prácrito, que se convirtió en la lengua franca de una amplia zona de la India.

En esta época surgieron nuevas sectas hindúes, como los monásticos ajivikas y los materialistas chárvakas. En este ambiente nacieron dos grandes líderes religiosos: Mahavira, fundador de la religión jainista en Vaishali, y Buda Shakyamuni en Kapilavastu. Sus enseñanzas eran similares en muchos aspectos, como el énfasis en la *ahimsa*, la no violencia. Algunos ascetas jainistas incluso llevan máscaras para no inhalar mosquitos y otras criaturas pequeñas sin darse cuenta.

Tanto Buda como Mahavira consideraban que el objetivo de la vida era la purificación o la iluminación. Ambos crearon comunidades monásticas de ascetas, quizás inspirándose en la cultura urbana para la idea de una comunidad hecha a medida. Ciertamente, habría sido difícil establecer tales monasterios sin la existencia de ciudades ricas que pudieran abastecerlos con donaciones.

Buda nació como príncipe del clan Shakia, pero tras ver la vejez, la enfermedad y la muerte, se vio sacudido de su cómodo estilo de vida y pasó años buscando la verdad hasta que finalmente alcanzó la iluminación. Desarrolló la doctrina de las cuatro nobles verdades: (1) todos los seres experimentan sufrimiento, (2) el sufrimiento surge del deseo y el apego, (3) la liberación del apego trae la liberación del sufrimiento, y (3) el óctuple camino (simbolizado por la rueda de ocho rayos) puede llevar a cualquier ser humano a la iluminación.

El budismo parece haber sido inicialmente una filosofía no deísta. También apoyaba la libertad social, negándose a reconocer las castas, y sustituyó la idea de los reyes divinos por la teoría de un contrato social. Tanto los budistas como los jainistas, de hecho, hicieron inútiles las dos castas superiores: los sacerdotes no eran necesarios puesto que no se requerían ritos de sacrificio, y los guerreros tendrían que replantearse su estatus para adaptarse a la nueva ética de la no violencia.

El Imperio Maurya

El siguiente gran cambio en la historia de la India se produjo en el siglo IV a. e. c. con la creación del Imperio Maurya. Chandragupta Maurya, el primer emperador, se apoderó del reino de Magadha, que se había extendido hasta cubrir la mayor parte de la cuenca del Ganges. Luego extendió sus tierras hacia el Indo, en el norte, donde Alejandro Magno había dejado un vacío de poder tras una invasión inconclusa. Tomó territorios persas en Afganistán y Baluchistán, incluida Gandhara, donde se había desarrollado un estilo de arte budista que reflejaba el arte helenístico de la época.

Pero Chandragupta no parece haber sido un guerrero acérrimo. Al final de su carrera, abdicó en favor de su hijo Bindusara y se convirtió en un asceta jainista.

Bindusara continuó la expansión de sus campañas en el Deccan, pero su hijo Ashoka llevó el Imperio Maurya a su apogeo. Los textos budistas se refieren a Ashoka como *chakravartin* (gobernante mundial). Transformó las infraestructuras de la India, por ejemplo construyendo la Gran carretera del Norte desde Taxila (hoy en Pakistán) hasta Pataliputra (hoy Patna). Esta ruta fue la ruta del Gran Tronco del *raj* británico y luego la Carretera Nacional n.º 1 hasta 2010; ahora ha sido rebautizada como n.º 3 y n.º 44, y recorre todo el camino desde la frontera pakistaní hasta Nueva Delhi.

Ashoka se tomó en serio la tarea de normalizar la ley e hizo inscribir sus edictos en escritura brahmi en todo su imperio. (También utilizó el griego y el arameo en algunos lugares, ya que estas lenguas se hablaban en todo el Imperio persa y todavía había muchas comunidades griegas en los dominios de Ashoka). En la llanura del Ganges, utilizó pilares de roca; en otros lugares, los textos se inscribieron directamente en las paredes rocosas. Estos edictos constituyen la escritura más antigua que se conserva en la India, aparte de la escritura Harappa, aún sin descifrar.

Conmocionado por la violencia de su campaña contra Kalinga, en el este de la India, Ashoka se convirtió al budismo pocos años después. A diferencia de muchos gobernantes de su época, en algunas de sus inscripciones hace referencia a sus experiencias personales: «Inmediatamente después de la anexión de los kalingas, Su Sagrada Majestad comenzó a proteger celosamente la Ley de la Piedad, a amarla y a inculcarla. De ahí surge el remordimiento de Su Sagrada Majestad por haber conquistado los kalingas, porque la conquista de un país no conquistado previamente implica la matanza, la muerte y el llevar cautiva a la gente. Eso es motivo de profundo dolor y pesar para Su Sagrada Majestad» (Smith, 185). Tal vez heredó este elemento de su naturaleza de su abuelo, aunque adoptó la religión budista en lugar del ascetismo jainista.

Los edictos de Ashoka promueven la no violencia, las buenas acciones y la generosidad. En algunos de los edictos menores, hace referencia a su conversión, aunque apoyó a otras entidades religiosas, como los ajivikas y, como otros emperadores posteriores a él, intentó crear un estado pluralista en el que se respetaran todas las creencias.

El pilar de Ashoka en Vaishali

Amaan Imam, CC BY-SA 4.0 <https://creativecommons.org/licenses/by-sa/4.0>, vía Wikimedia Commons; https://commons.wikimedia.org/wiki/File:N-BR-39_Ashokan_Pillar_Vaishali_%282%29.jpg

La capital de Ashoka, Pataliputra (Patna), estaba estratégicamente situada entre el norte de la India y la llanura indogangética. Al sur, mantenía relaciones amistosas con los Chola, los Pandyas y los keralaputras (cheras). Mantuvo estrechos vínculos con Lanka, donde se dice que su hijo Mahinda fue misionero budista y le regaló una rama del árbol de Bodhi bajo el cual Buda recibió la iluminación.

El Imperio Maurya era principalmente agrario y el Estado controlaba el sistema de regadío y lo financiaba con los impuestos. La arqueología muestra que el imperio tenía un alto nivel de vida, con casas de ladrillo, palacios de piedra en Pataliputra y esculturas de piedra muy pulidas. Ashoka plantó árboles a lo largo de los caminos para protegerse del sol y construyó abrevaderos a lo largo de las rutas principales. Creó administraciones provinciales en Ujjain, Taxila y Suvarnagiri (Kanakagiri) y quizá también en Girnar y Dhauli; sin embargo, en la periferia de su imperio la gente seguía viviendo en sociedades megalíticas.

Ashoka creó lo que se ha considerado una edad de oro para la India. Sin embargo, sus sucesores no lograron mantener la buena salud de su imperio. El noveno y último gobernante maurya fue sustituido en un golpe militar por su general, Pushpamitra, fundador de la dinastía Sunga, hacia el 185 a. e. c. Los sunga continuaron gobernando Magadha, al este de la cuenca del Ganges, mientras que en zonas del norte como Punyab, Haryana y Rajastán se volvió a un gobierno basado en clanes.

La ausencia de un gobierno fuerte en el norte de la India permitió al imperio centroasiático de los kushán ocupar el país hasta Sarnath y Benarés. Los kushán establecieron el comercio a lo largo de las rutas de la seda entre China y lo que hoy es Uzbekistán y hasta Roma en el oeste. Fueron estas nuevas rutas comerciales las que ayudaron a difundir el budismo en China; más tarde, los chinos exportarían el budismo a Japón y otras naciones asiáticas.

En el sur de la India se formaron Estados más tarde que en el norte. Se establecieron ciudades como Madurai, Uraiyur y Karur, y dinastías como la Chola se establecieron en grandes zonas hacia el siglo III a. e. c. Los sangam se establecieron en el sur de la India. Por la misma época se estableció el *corpus* literario Sangam. Escrita en tamil, es muy diferente de la literatura septentrional. La mayor parte se centra en temas románticos y eróticos, con solo una pequeña cantidad de versos épicos.

El budismo y el jainismo habían adquirido una gran influencia en el siglo II a. e. c., cuando se construyó la Gran Estupa de Sanchi, junto con numerosos monasterios; también se erigió otra estupa en Bharhut. Al principio, la mayoría de las donaciones para las estructuras procedían de pequeños terratenientes, artesanos y gremios, así como de monjes y monjas. (Hay que tener en cuenta que las reliquias, para cuyo cobijo se construyeron las estupas, son incompatibles con las normas de pureza de los brahmanes).

La religión védica no tenía edificios sagrados; se basaba en el sacrificio, y los lugares de sacrificio eran temporales. Así pues, parece que fueron las dos religiones más recientes las que introdujeron el concepto de arquitectura sagrada en la India. Al principio, las salas *chaitya* y los *viharas* (monasterios) excavados en la roca imitaban los diseños de madera (por ejemplo, en Karla, uno de los primeros emplazamientos) y solían ser relativamente pequeños. Pero pronto aumentaron tanto en tamaño como en complejidad. Yacimientos como Ellora y Ajanta representan una evolución posterior; en Ellora se encuentran obras hindúes, jainistas y budistas en el mismo yacimiento y a menudo fueron pagadas por los mismos mecenas.

El budismo era originalmente anicónico; Buda no aparecía como una figura, sino representado por signos de su estatus, como una sombrilla, un asiento vacío o una estupa en miniatura. Por ejemplo, hay una estupa en forma de campana con una sombrilla de madera encima al final de la sala Karla chaitya, mientras que en un templo budista moderno se esperaría una estatua de Buda. Con el paso del tiempo, Buda empezó a representarse con forma humana, y las influencias del hinduismo introdujeron más tarde otros seres, como dioses protectores, bodhisattvas, etc.

El Imperio Gupta

El siguiente gran imperio de la India fue el de los Gupta, fundado por Chandragupta I (no confundir con Chandragupta Maurya) en el año 319 de la era cristiana. El Imperio Gupta ha sido considerado a menudo como una edad de oro. A diferencia del Imperio Maurya, no estaba muy centralizado, sino que permitía que la mayoría de las decisiones se tomaran a nivel local.

Chandragupta se casó con una princesa lichchhavi de Vaishali y extendió su dominio hasta Allahabad (oeste) y Nepal (norte). Sin embargo, el imperio no se extendió mucho más al sur del Ganges. Su hijo, Samudragupta, extendió el imperio mucho más al Deccan, hasta el sur de Tamil Nadu, al norte de Rajastán y Punyab, y al este de Bengala. Sin embargo, parece probable que muchos de estos territorios se limitaran a pagarle tributos y a gestionar sus propias ferias. En otras palabras, tenía el control financiero, pero no político. Parece que fue una fórmula eficaz, ya que el Imperio Gupta duró hasta 532 e. c., más de dos siglos.

Los Gupta hicieron de la concesión de tierras una característica importante de su gobierno, reestructurando la agricultura mediante la concesión de subvenciones para fomentar la conversión de tierras baldías. Se concedieron a particulares y a monasterios, templos y centros de enseñanza, como la universidad budista de Nalanda, que llegó a poseer 200 aldeas. (Xuanzang, un monje chino que visitó la India entre 629 y 645, estudió en Nalanda y la describió como un paraíso terrenal, con estanques llenos de flores de loto azules, deslumbrantes flores de árbol de fuego y arboledas de mangos para dar sombra. Cuando regresó a China, se llevó consigo numerosos textos sánscritos y contribuyó enormemente a la expansión del budismo en China. Mucho más tarde, en el siglo XVI, el novelista Wu Cheng'en adaptó sus experiencias como *Viaje al Oeste*, o *Mono*. Puede que haya visto la serie de televisión o jugado al videojuego).

Las concesiones de tierras se inscribían en placas de cobre, de las que se conserva un buen número. Evidentemente, ahora existía una burocracia y una compleja estructura legal en la que los registros escritos eran importantes. Una característica intrigante del sistema de concesión de tierras es que permitía que la agricultura campesina a pequeña escala coexistiera con la propiedad de tierras a gran escala y con proyectos de infraestructuras, como presas y *stepwells* (pozos con escaleras construidos para facilitar el acceso al nivel freático).

El hinduismo, quizá motivado al menos en parte por el desafío de las dos religiones «reformistas», había dejado atrás los tiempos védicos. Agni y Suria, los dioses más importantes del periodo anterior, desaparecieron; Visnú y Shiva los sustituyeron como dioses principales, surgiendo también los cultos a las *shakti* o diosas. A diferencia de la religión védica, que parece no haber tenido imágenes de los dioses, el hinduismo representaba ahora al dios mediante un ídolo, un *lingam* (símbolo fálico) o una roca. Los sacrificios de animales se sustituían por la puja, que consistía en dar grano u otros vegetales a la deidad, y el *darshan*, ver la imagen sagrada, que a menudo se oculta tras una puerta o cortina que se abre para que el adorador pueda ver al dios.

Sin embargo, la palabra «hinduismo» en esta época es un término equivocado, ya que los fieles se identificaban como *vaishnavas* (adoradores de Visnú), *shaiva* (adoradores de Shiva) o *pashupata* (otra forma de adoración de Shiva). La etiqueta «hindú» llegó mucho más tarde, de hecho, con las invasiones islámicas.

No obstante, los cultos a diferentes dioses parecen haber coexistido sin problemas, quizá porque compartían filosofías y una estructura social comunes.

Capítulo 3: La India medieval y sus imperios (600-1450 e. c.)

A lo largo de casi diez siglos, muchas civilizaciones y reinos se sucedieron en la India, que también exportó su cultura a otros lugares. Por ejemplo, el reino Mon (predecesor de Tailandia) se hizo budista, aunque muchos ritos hindúes también se incorporaron a la forma tailandesa de budismo. Ritos hindúes como la Ceremonia Real del Arado son especialmente importantes para la familia real tailandesa, quizá como reflejo del modo en que el sacrificio de caballos se utilizaba para legitimar a los reyes arios. El Imperio jemer de los siglos IX al XV y el Imperio Srivijaya (indonesio) de los siglos VII al XII también incorporaron tanto el hinduismo como el budismo.

China y Tíbet también se hicieron budistas, y el budismo chino llegó a Corea y después a Japón justo antes del año 600 e. c. Sin embargo, China no integró la cultura india del mismo modo que los países del sudeste asiático, probablemente porque ya tenía una cultura imperial muy desarrollada.

Para esa fecha, la India era una sociedad muy sofisticada que ya había conocido dos grandes imperios y poseía conocimientos científicos avanzados. Por ejemplo, antes de 499, el matemático Aryabhata había calculado *pi* con cuatro decimales, comprendía cómo giraba la Tierra sobre su eje y cómo se producían los eclipses lunares. Los eruditos árabes, que tenían acceso tanto a las antiguas matemáticas griegas como a las indias, pensaban que los indios eran más interesantes y consumados

que los griegos.
El sur de la India en la Edad Media
Un cambio significativo durante el periodo medieval fue la aparición del sur y el Deccan en comparación con el dominio del norte de la India y la llanura indogangética en periodos anteriores. Aunque las dinastías iban y venían, en la mayoría de los casos, los gobernantes de las distintas zonas parecen haber estado igualados. Así, a pesar de las tensiones y guerras ocasionales, ninguna victoria concluyente creó un nuevo imperio con el alcance de los imperios Maurya o Gupta.

En Tamil Nadu había dos dinastías principales: los Pandyas de Madurai, que gobernaban el sur, y los Pallavas de Kanchipuram, que gobernaban el norte. El segundo emperador pallava, Mahendravarman I (gobernó entre 600 y 630), fue músico, poeta, pintor y erudito; también fue responsable de la creación de los primeros templos de Mahabalipuram, excavados en la roca. Sin embargo, a diferencia de la arquitectura anterior, la roca se cortó por ambos lados para dejar los templos en pie.

Durante el reinado de Mahendravarman, comenzaron las guerras con la dinastía Chalukya, que gobernaba en Badami, Karnataka; continuaron bajo su hijo, Narasimhavarman. La balanza se inclinó de un lado a otro y, en un momento dado, cada bando llegó a la capital del otro, pero fue incapaz de mantenerla.

Un templo excavado en la roca en Mahabalipuram con un elefante excavado en la roca
© *Vyacheslav Argenberg / http://www.vascoplanet.com/, CC BY 4.0 <https://creativecommons.org/licenses/by/4.0>, vía Wikimedia Commons; https://commons.wikimedia.org/wiki/File:Mahabalipuram,_Pancha_Rathas_2,_India.jpg*

Los Chalukya gobernaban en Badami en 543, cuando Pulakeshin I realizó una inscripción en un acantilado; utilizó tanto el sánscrito como el canarés. Los Chalukya siguieron gobernando la meseta del Deccan durante más de 600 años, aunque su fortuna sufrió altibajos a lo largo de los años. Fueron especialmente importantes en el desarrollo del estilo meridional de arquitectura de templos, y construyeron templos en Badami, Aihole y Pattadakal. Los primeros templos de Badami estaban excavados en la roca, pero los posteriores tenían pantallas perforadas en las ventanas, agujas sobre el santuario central y una sala *mandapa* con pilares delante del santuario.

Mientras tanto, el reino suroccidental de Kerala estaba gobernado por la dinastía Chera Perumal. Kerala parece haber permanecido siempre ligeramente separada de los demás reinos, aunque eso nunca impidió que los Pandyas intentaran hacerse con partes del centro de Kerala.

Los Rashtrakuta eran un pequeño clan que sirvió a los Chalukya durante muchos años. Pero en 753, Dantidurga Rashtrakuta se volvió contra los Chalukya y los derrotó. Alió su nuevo reino con los Pallavas y ayudó a Nandivarman II a recuperar su capital, Kanchipuram, de manos de los Chalukya, que la habían tomado. Nandivarman se casó entonces con la hija de Dantidurga, vinculando así las dos dinastías. En su apogeo, entre 850 y 900, los Rashtrakuta gobernaron la mayor parte de la India al sur del Ganges y controlaron la costa occidental y el comercio con Arabia. El sucesor de Dantidurga, Krishna I, construyó en Ellora el inmenso templo de Kailash, excavado en la roca; se trataba de una casa inmensamente rica y ambiciosa.

Sin embargo, los Rashtrakuta no tenían el poder de permanencia de los Chalukya. A partir del 972, el poder de los Rashtrakuta decayó y, a finales de siglo, los Chalukya habían regresado. (El último emperador Rashtrakuta, Indra IV, se hizo asceta jainista e hizo el voto de *Salekana*, muriendo gradualmente de hambre).

Estos estados meridionales mezclaban distintos tipos de tenencia de la tierra. Las aldeas podían pagar impuestos por la tierra que cultivaban; algunas aldeas eran donadas a un individuo, a un grupo o a un templo. Las aldeas templo fueron adquiriendo importancia con el paso del tiempo. También solían mezclar diferentes religiones, aunque el budismo empezó a debilitarse gradualmente y el patrocinio real se desplazó hacia las fundaciones hindúes y jainistas. En Badami hay templos tallados en la roca tanto jainistas como hinduistas, y aunque los

Pallavas eran hinduistas, patrocinaron varios templos jainistas, por ejemplo en Kanchipuram y Chitharal.

En este periodo también se creó el *matha* o *mutt*, una versión hindú de la comunidad monástica budista o jainista.

Se conserva un gran número de piedras de héroes del sur, la mayoría datadas entre los años 300 y 1200 aproximadamente. Conmemoran la muerte de un héroe en batalla y suelen estar divididas en varios paneles con escenas de batalla, el héroe adorando a una deidad y el héroe en un palanquín o montado a caballo. Es posible que estas piedras fueran el centro de un culto local.

Hacia 907, los Chola, cuyo estado se asentaba en torno al río Kaveri, aumentaron enormemente su poder. En la época de Rajaraja I (985-1014), los Chola controlaban la mayor parte de Tamil Nadu, Kerala y parte de Karnataka, así como el norte de Sri Lanka. Rajaraja construyó el «Gran Templo» de Thanjavur/Tanjore (el templo Brihadisvara o Rajarajeswara), considerado uno de los más grandes de todos los templos construidos en estilo meridional, con su torre vimana de 66 metros de altura. Los Chola apoyaron el shivaísmo y patrocinaron el templo del Shiva danzante (Shiva Nataraja) en Chidambaram. Sin embargo, a finales del siglo XII, tanto los Chola como los Chalukya empezaron a debilitarse, y parece que las cosas se desmoronaron rápidamente.

En los últimos siglos del periodo medieval, dos nuevas dinastías, la Hoysala y la Kakatiya, se alzaron en la costa occidental de Karnataka. En 1245, los Hoysala se habían apoderado del reino chola y de la mayor parte de las tierras de los Pandyas en el sur de Tamil Nadu. los Hoysala, a diferencia de los Chola shaivitas, eran una casa vaishnavita influida por Sri Ramanuja (1077-1157), que hacía hincapié en el *bhakti* (devoción) como medio de salvación.

En el Deccan, también fue una época de cambios; los Yadavas o seuna, con base en Devagiri (actual Daulatabad), se expandieron hasta el norte de Guyarat.

Durante todo el periodo medieval, las ciudades siguieron aumentando su importancia. Por ejemplo, el centro de peregrinación jainista de Shravanabelagola pasó de ser un mero santuario a convertirse en una importante ciudad mercantil. La creación de asociaciones comerciales y gremios artesanales locales demuestra que el éxito comercial obligó a artesanos y comerciantes a crear nuevas instituciones para gestionar sus negocios; sin embargo, no parece que aspiraran al poder político.

Al mismo tiempo, se produjo un llamativo aumento de la construcción de templos. El templo de Tanjore recibió donaciones de lugares tan lejanos como Sri Lanka, mientras que Rajendra Chola (hijo de Rajaraja) fundó un templo masivo en Gongaikondacholapuram, que significa «la ciudad a la que los Chola trajeron el Ganges», ya que había conquistado Odisha y Bengala y había hecho que le enviaran jarras de agua del Ganges a su capital. (Rajendra también conquistó Srivijaya y parte de Birmania, un raro acto de expansionismo exterior; la mayoría de los reyes indios limitaban sus ambiciones al subcontinente).

Los templos tallados en la roca dieron paso a edificios independientes al final del periodo, a menudo con múltiples patios concéntricos que rodeaban el templo (como en Srirangam, donde el templo ocupa 155 acres con siete recintos concéntricos). La aguja principal del templo solía alcanzar alturas impresionantes, pero ahora también estaba rodeada de *gopuras*, o torres de entrada, a menudo en los cuatro puntos cardinales. Se añadieron grandes salas para recitar poesía devocional. Las comunidades de los templos alcanzaron un tamaño enorme; el templo principal de Tanjore tenía 600 empleados, entre bailarines, cocineros y músicos, además de sacerdotes.

Una *gopura* en el templo Sri Ranganathasamy Rajagopuram, Srirangam, Tiruchirapalli
Writer hit, CC BY-SA 4.0 <https://creativecommons.org/licenses/by-sa/4.0>, vía Wikimedia Commons; https://commons.wikimedia.org/wiki/File:Srirangam_Temple_Gopuram_View.jpg

Los poetas tamiles, conocidos como Alvar (vaisnavas) y Nayanars (shaivitas), florecieron a principios de la Edad Media, escribiendo poesía devocional que influyó en el movimiento Bhakti. Sus obras a menudo establecen un paralelismo entre reyes y dioses; el templo aparece como el palacio de la deidad, y al ídolo se le atribuye un estilo de vida como el de un rey.

El norte de la India en la Edad Media

Mientras tanto, en el norte de la India se solapaban tres grandes imperios: el de los Rashtrakuta en el Deccan, el de los Gurjara-Pratiharas en Malwa (actual Madhya Pradesh) y Guyarat, y el de los reyes Pala o Dharma en Bengala y Bihar. Kannauj, la ciudad donde se reunían los tres reinos, fue el punto central del conflicto entre ellos, que a menudo se conoce como la lucha tripartita.

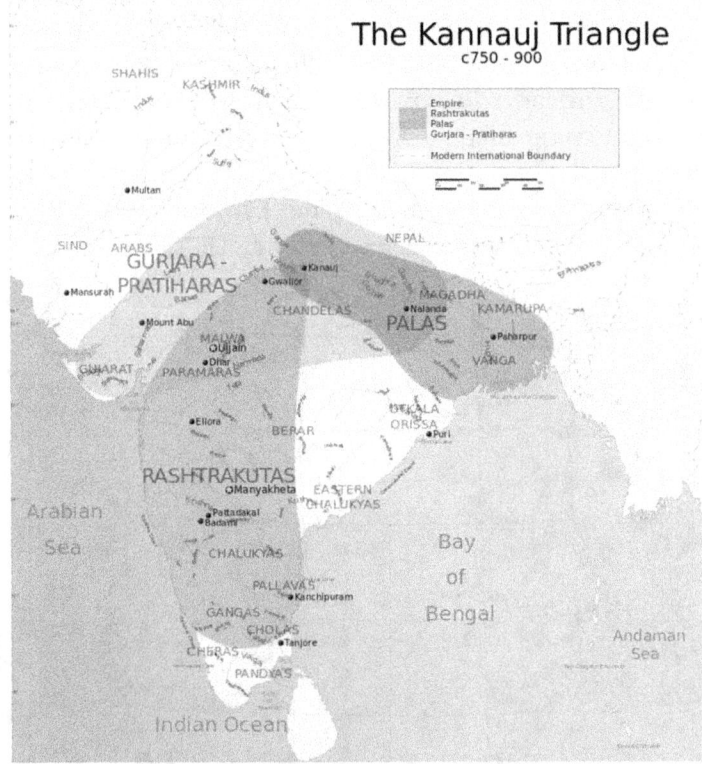

La lucha tripartita entre tres reinos. Nótese cómo Kannauj se encuentra justo en el centro de la zona en disputa
w:user:Planemad, CC BY-SA 3.0 <https://creativecommons.org/licenses/by-sa/3.0>, vía Wikimedia Commons;
https://commons.wikimedia.org/wiki/File:Indian_Kanauj_triangle_map.svg

La dinastía Pala incrementó enormemente la explotación agrícola de la llanura indogangética oriental con el cultivo generalizado del arroz. También tenían intereses comerciales en el sudeste asiático y su riqueza les permitió patrocinar instituciones budistas como la universidad de Nalanda. Sin embargo, sus intentos de avanzar hacia el sur fueron rechazados por los Chola, lo que parece haber establecido una línea bastante firme entre el norte y el sur.

En el noroeste dominaron los clanes Rajput, muchos de los cuales afirmaban descender del dios del sol Suria (como siguen haciendo los maharanas de Mewar, en Udaipur) o de Rama. Otros decían descender de un fuego de sacrificio en el monte Abu. Puede que los gobernantes no pertenecieran originalmente a la casta kshatriya, pero sus genealogías recién creadas, junto con la aquiescencia de los sacerdotes brahmanes, les permitieron ascender a su nueva casta y legitimar su gobierno.

Esta sociedad del norte parece haber estado menos desarrollada que la del sur. Por ejemplo, en los territorios rajput se encuentran piedras en memoria de los héroes muertos en batalla o en incursiones ganaderas dos siglos más tarde que en el sur de la India. La propiedad de la tierra también estaba considerablemente menos desarrollada en cuanto a tipos de tenencia.

La arquitectura de los templos del norte se desarrolló en un estilo diferente al del sur. Los fundamentos del templo son similares: hay un santuario en forma de cueva con una aguja *shikhara* sobre él, precedido por uno o más vestíbulos, a menudo con una pasarela alrededor del santuario. A diferencia de las torres meridionales de lados rectos, la *shikhara* suele ser curva. La mayor diferencia con el estilo meridional es que todo el templo suele elevarse sobre un alto zócalo, lo que le confiere un perfil mucho más impresionante. Hacia el final de la Edad Media, se hicieron habituales las tallas muy ornamentadas. Quizá el mejor ejemplo sea el complejo del templo jainista de Dilwara, en el monte Abu, con delicadas tallas de fino mármol blanco minuciosamente detalladas.

En Orissa, los templos de Bhubaneshwar, Jagannath de Puri y el Templo del Sol de Konarak datan de esta época. En Bundelkhand, la dinastía Chandela construyó los templos de Khajuraho, santuarios jainistas e hinduistas, famosos por sus imágenes eróticas.

El templo de Jagannath, en Puri, de noche. Obsérvense los tejados piramidales de la *mandapa* y los lados curvados de la aguja de la *shikhara*
Kalyanpuranand, CC BY-SA 4.0 <https://creativecommons.org/licenses/by-sa/4.0>, vía Wikimedia Commons;
https://commons.wikimedia.org/wiki/File:Lord_Jagannath_temple_at_night.jpg

Sin embargo, mientras el equilibrio de poder se tambaleaba entre estas diversas dinastías indias, una nueva amenaza se acumulaba en la frontera norte. La India estaba acostumbrada a comerciar con los árabes y los veía como una fuente de ingresos, pero los musulmanes turcos de Asia Central eran harina de otro costal: su intención era asaltar, no comerciar. Mahmud de Gazni dirigió diecisiete incursiones distintas desde el árido Hindú Kush hasta la India; en 1018, destruyó Mathura, llevándose enormes cantidades de oro y plata. En 1023, le tocó el turno a Gwalior, que decidió pagarle dinero por su protección antes que arriesgarse a ver su ciudad saqueada. En 1025, Mahmud asaltó Guyarat y destruyó el templo de Somnath, llevándose sus grandes puertas (Lord Ellenborough, creyendo que Mahmud había reutilizado estas puertas en su mausoleo de Afganistán, las hizo arrancar durante la batalla de Kabul en 1842 y las llevó de vuelta a la India. Sin embargo, son claramente norteñas, ya que están hechas de madera de deodara, y los deodares no crecen en Guyarat. También están claramente ornamentadas en estilo islámico, con figuras geométricas como estrellas de seis puntas. Actualmente se conservan en una sala lateral del fuerte de Agra).

Muhammad de Gur, que invadió el país a finales del siglo XII, fue un poco más allá. En lugar de volver a casa con el botín, se propuso desde el principio crear su propio reino en la India. En 1182 conquistó Sind y luego empezó a buscar más al sur. En la primera batalla de Tarain, en 1191, no tuvo éxito; tras la segunda, en 1192, pudo hacerse con el control de Delhi. Muhammad de Gur fue asesinado en 1206, por lo que no llegó a disfrutar mucho tiempo de su nuevo sultanato, pero el daño ya estaba hecho. El sultanato de Delhi se convirtió en el núcleo de una nueva entidad política y de la religión musulmana en la India; también se convirtió en punto de partida de nuevas expediciones hacia el sur, hasta Karnataka, donde surgieron cinco sultanatos bahmaníes separados.

En el sur, el Imperio vijayanagara había cobrado importancia a finales de la Edad Media, dejando las inmensas ruinas de su capital, Vijayanagara, en Hampi. Durante mucho tiempo, Vijayanagara resistió, a veces enfrentando a un sultanato contra otro, pero finalmente, los cinco sultanatos bahmaníes se unieron contra el imperio; lo destruyeron en la batalla de Talikota en 1565. (Hoy es uno de los principales centros para mochileros de la India, con sus ruinas repartidas en varios kilómetros cuadrados a lo largo del río Tungabhadra).

Culturalmente, lo más destacado de esta época fue el movimiento Bhakti. En lugar de hacer hincapié en los rituales, subrayaba la relación directa entre el *bhakta* (devoto) y su dios. Muchos poemas devocionales *bhakti* están escritos como poemas de amor. Las mujeres y las castas inferiores se liberaron de las exigencias brahmánicas de «pureza» y participaron activamente en el movimiento.

Sri Ramanuja (1077-1157) dio a esta tradición un fundamento filosófico. Para él, la salvación (*moksha*) no podía alcanzarse simplemente a través del conocimiento, sino que debía lograrse mediante el Bhakti yoga, la disciplina de la devoción. Para él, *moksha* no era simplemente la liberación de renacimientos posteriores, sino un estado de gozo en el que el alma puede contemplar y disfrutar continuamente de la perfección divina. También luchó para que las castas inferiores fueran admitidas en los templos y para que los no brahmanes participaran en la práctica de la puja.

El *Gita Govinda de Jayadeva*, escrito en el siglo XII, es un conjunto de poemas que narran el amor de Radha por Krishna. Su separación y posterior reconciliación simbolizan la distracción del alma del amor de Dios y su eventual retorno a través de la devoción; en muchos sentidos,

Radha se convierte en símbolo y modelo del Bhakti. Cada poema tiene anotado su *raga* o modo musical, y se dice que Jayadeva cantaba una de las composiciones cada noche en el templo de Jagannath en Puri, tradición que continúa hoy en día.

Chaitanya Mahaprabhu (1486-1534) nació en Bengala y se convirtió en un devoto extático de Krishna; algunas personas incluso lo consideraban un avatar de Krishna. Chaitanya fue el responsable de redescubrir los bosques sagrados alrededor de Vrindavan, donde Krishna pasó su vida con Radha y las *gopis* (vaqueras); también popularizó el canto de Hare Krishna.

Incluso los musulmanes podían seguir el camino del Bhakti. Kabir, nacido en 1398, era hijo de un tejedor musulmán, pero su poesía descarta los ritos y dogmas musulmanes e hindúes y aboga por buscar en el propio corazón del devoto para encontrar la presencia de Dios. Tanto hindúes como musulmanes lo repudiaron en vida y lo reivindicaron tras su muerte; más tarde, los sijs incluyeron parte de su poesía en sus escrituras, el *Adi Granth*.

En cierto modo, puede considerarse que Guru Nanak, el fundador del sijismo, procede de una tradición Bhakti. Nació en 1469 en Punyab, en el seno de una familia de comerciantes, y desarrolló una espiritualidad basada en la igualdad de todos los creyentes, las buenas acciones y la fraternidad. Viajó mucho, visitando los principales centros de peregrinación de las religiones hindú y musulmana, e hizo hincapié en el *bhakti* como forma de integrar la práctica espiritual en la vida cotidiana.

Originalmente, el sijismo era una religión pacífica, pero la persecución de los sijs desde la época del emperador Jahangir convirtió a los sijs en una secta militante. (Este tema se tratará en el próximo capítulo). El *Gurú Granth Sahib*, la escritura de los sijs, es una obra pluralista; está escrito en letra gurmují, pero incluye textos en persa, braj bhasha, prácrito y sánscrito, así como en punjabi; también incluye versos de Kabir y del poeta hindú del *bhakti* Ravidas, así como enseñanzas del místico islámico Baba Farid.

Capítulo 4: El Imperio mogol: Una lucha por la supremacía

El Imperio mogol es quizá uno de los imperios modernos tempranos más conocidos del mundo, pero sus raíces se remontan a un fracaso. El fracaso fue Babur, príncipe de Ferganá y tataranieto de Timur o Tamerlán, como se lo conocía en Occidente.

Tamerlán fue un hombre de éxito espectacular. Era un nómada turco que consiguió conquistar el kanato Chagatai, descendiente de Gengis Kan. Después dirigió campañas militares por Asia Central, se convirtió en el principal gobernante del mundo islámico y estableció su capital en Samarcanda. Tamerlán invadió la India y saqueó Delhi en 1398. Comprendiendo que los elefantes se asustaban fácilmente, hizo huir a las fuerzas enemigas enviando contra ellos camellos ardientes, es decir, camellos con heno amontonado en sus lomos y a los que luego prendía fuego. Sin embargo, otras cosas pronto distrajeron a Tamerlán de su excursión a la India.

Babur siguió el ejemplo de Tamerlán en cuanto a valentía e inteligencia, pero, por desgracia, fue un fracaso en serie. Ganó Samarcanda, pero luego perdió Ferganá; a continuación, se las arregló para perder Samarcanda tres veces distintas. Estaba claro que la herencia de Tamerlán no iba a caer en sus manos. Al final, decidió girar hacia el este y luego hacia el sur, tomando Kabul, donde estableció su gobierno, y luego se dirigió a la India. Y allí, finalmente, su suerte comenzó a cambiar.

Babur es una figura fascinante. Dejó una autobiografía, el *Baburnama*, que es una extraña mezcla de diplomacia, guerra e historia natural. En una página, describe cómo sus hombres construyeron una torre de cabezas enemigas cortadas después de una batalla; en la siguiente, habla de dónde encontrar los mejores melones almizcleros o describe distintas variedades de loros. Entre una cosa y otra, se divertía mucho: el fundador del Imperio mogol era, de hecho, un drogadicto.

Tardó cinco expediciones distintas en darse cuenta de que la India no era solo una fuente de riqueza y plátanos, sino un buen lugar para crear un nuevo imperio. El sultanato de Delhi siempre había estado debilitado por disensiones y disputas dinásticas, lo que lo convertía en un objetivo claro, así que fue allí donde se centró. En la batalla de Panipat de 1526, Babur derrotó a Ibrahim Lodi de Delhi, y el sultanato de Delhi se convirtió en el principio del Imperio mogol.

Sin embargo, Delhi era un lugar pequeño y estaba rodeado de enemigos, entre ellos los rajput del norte, que podían aislarlo fácilmente de Kabul. Los rajput eran un enemigo mucho más fuerte que el sultanato de Delhi. Rana Sanga de Mewar (Udaipur) consiguió que los diferentes clanes rajput se unieran contra el invasor, creando un ejército de 200.000 hombres. (Las cifras a estas alturas son siempre aproximadas y a menudo exageradas, y es Babur quien da este número, así que se debe timar con cautela).

En la batalla de Khanua (1527), Babur, un buen estratega, construyó una posición fortificada y atacó a los rajput con artillería y mosquetes sin entrar en combate cuerpo a cuerpo. Esto le permitió evitar el ataque de los rajput. También mantuvo a sus jinetes atrás, listos para un movimiento de flanqueo. Solo cuando los rajput atacaron los flancos mogoles, Babur soltó a su ejército sobre ellos; Rana Sanga fue herido y conmocionado, y Babur aprovechó la confusión resultante para tomar la ofensiva y derrotar completamente a las fuerzas rajput.

Panipat suele considerarse una de las batallas más importantes jamás libradas en la India. Sin embargo, podría decirse que Khanua fue aún más importante. Puso a los gobernantes hindúes bajo el imperio de Babur, y Babur, siendo un gobernante inteligente, aceptó a los hindúes tanto en su ejército como en su administración. El Imperio mogol se convirtió en un imperio mixto en el que se toleraban todas las religiones y en un importante centro comercial que exportaba a Europa telas bellamente pintadas y bordadas. (Los franceses las llamaban «indiennes», mientras que los ingleses las llamaban por su nombre hindi, «chintz»).

La versión del islam de Babur era liberal. Consumía drogas y bebía alcohol y, como los persas de su época, no veía nada malo en el arte figurativo o la música. Los talibanes no lo habrían aprobado. Sin embargo, impuso el impuesto *yizia* a los no musulmanes de su imperio.

Babur murió en 1530 con solo 47 años, tras haber convertido su fracaso inicial en un éxito brillante. Su hijo Humayun, por desgracia, no fue capaz de mantener todo en orden. Primero, sus hermanos Kamran, Askari e Hindal le disputaron el trono. Después, Sher Shah Suri, un jefe guerrero que había creado su propio estado en Bengala, volvió a expulsarlo de la India. Pasó muchos años en Persia, donde el sah Tahmasp le dio refugio.

Pero en 1555, Humayun pudo recuperar su trono, así como a su hijo Akbar, que se había quedado en Kabul cuando Humayun huyó. Duró menos de un año, resbaló en los escalones de su biblioteca y murió de sus heridas tres días después.

Akbar accedió al trono con solo trece años. Era un niño revoltoso, obstinado, testarudo y analfabeto funcional, pero también poseía un gran valor físico, audacia y una intensa curiosidad. Montaba elefantes macho en must (un estado de ánimo agresivo y cargado de testosterona), nadaba en ríos crecidos por las lluvias monzónicas y, en ocasiones, se volvía loco de rabia. Pero también era inteligente y aprendía con rapidez. Confiando en la velocidad y la potencia de fuego e introduciendo innovaciones como cañones giratorios montados en camellos y elefantes, cambió las reglas de la guerra e hizo que sus fuerzas fueran prácticamente imposibles de derrotar. Incluso inventó cohetes con silbatos chirriantes atados a ellos, que enloquecían a los caballos de sus enemigos con su sonido ululante.

Akbar con un león y un cordero, de un álbum perteneciente a sah Jahan. Muestra claramente el carácter ecléctico de la corte mogol, con angelitos en el cielo y una corona claramente copiada de originales europeos

CC0 1.0 Universal (CC0 1.0) Dedicación al dominio público
https://creativecommons.org/publicdomain/zero/1.0/ https://www.lookandlearn.com/history-images/YM0451268/Akbar-With-Lion-and-Calf-Folio-from-the-Shah-Jahan-Album

Akbar no era solo un genio militar; también era un gobernante inteligente como su abuelo. Por ejemplo, se dio cuenta de que mientras el imperio dependiera solo de los nobles de Asia central (los turaníes), no sería fácil gobernarlo y no contaría con el apoyo del pueblo. Para acabar con la dominación turaní, trajo administradores persas y rajput y creó el sistema *mansabdari*, en el que las concesiones de tierras (*jagirs*) estaban relacionadas con el rango del titular y se rotaban periódicamente en lugar de ser hereditarias. También empezó a acuñar rupias cuadradas, creando una moneda que pronto podría utilizarse en todo su imperio, y abolió el impuesto *yizia* a los hindúes.

Aunque al principio solo gobernaba de nombre, Akbar pronto tomó el relevo de su regente y expandió su imperio. En 1567, tomó la fortaleza de Chittor, antes considerada inexpugnable; ya había tomado Mandu, Malwa y Gondwana. Después de esto, otros rajás de Rajput decidieron unirse voluntariamente a los mogoles, con lo que Bikaner, Bundelkhand y Jaisalmer quedaron bajo su control. En Chittor, las mujeres del fuerte cometieron *jauhar*, inmolándose en una hoguera mientras los hombres se vestían con azafranes sagrados y salían del fuerte en lo que era claramente una misión suicida. (Es muy posible que esto escandalizara a Akbar tanto como nos escandaliza a nosotros; promulgó una ley contra que se obligara a las mujeres a cometer *satí*, aunque permitió el *satí* voluntario).

Akbar también se casó con una mujer de Rajput, Harkha Bai, conocida en la corte mogol como Mariam-uz-Zamani, que fue la madre del siguiente emperador, Jahangir. Siguieron otras esposas rajput, que trajeron su propia religión y costumbres a la corte mogol. Así, en lugar de ser un conquistador islámico, Akbar se convirtió en el jefe de una corte mestiza, multirreligiosa y sincrética.

En su nueva capital, Fatehpur Sikri, Akbar creó un nuevo tipo de arquitectura, mezclando de nuevo influencias del Asia central islámica con estilos autóctonos indios. Sus edificios tienen pabellones *chhatri* indios, pero también enormes arcos, que proceden de estilos de mezquitas iraníes. En el Diwan-i-Khas, su salón privado de audiencias, cuatro pasarelas de piedra en el aire conectaban escaleras en las esquinas del edificio con una columna central que sostenía el trono de Akbar, una concepción impresionante y única del emperador sentado en el aire. (El palacio también incluía un pequeño templo donde su esposa hindú podía rendir culto.) También hay cúpulas, desconocidas en la India antes de los mogoles, pero que se convirtieron en un motivo habitual de la arquitectura mogola.

Akbar también pudo inventar su propia religión, aunque esto depende de cómo se interprete su deseo de *sulh-i-kul*, «armonía universal». Algunos historiadores han sugerido que instauró una religión sincretista en la que él actuaba como suplente de dios. Tal vez sea más probable que tuviera una pequeña camarilla con rituales de admisión especiales en la que él y los miembros de su corte realizaban sus investigaciones espirituales: un club religioso, por así decirlo, más que una secta. Lo cierto es que, además de acoger a hindúes en su corte, Akbar recibió en sus debates al menos a tres misioneros jesuitas, así como a eruditos judíos. Su curiosidad era intensa, e incluía tanto la religión como la guerra y la arquitectura.

Fue la edad de oro de las artes. El ambiente en Persia era cada vez más intolerante, lo que permitió a Akbar reclutar a muchos artistas y artesanos persas; también trajo de Gwalior al famoso músico Tansen y contrató a pintores indios. Aunque era analfabeto, a Akbar le encantaba que le leyeran, y patrocinó la traducción de obras como el Mahabharata de las lenguas indias al persa.

Akbar no fue el primer emperador mogol, pero sí el primero totalmente indio. Bajo su mandato, India se convirtió en el centro del mundo desde el punto de vista económico, más que ningún otro imperio de la época. Y siguió aumentando de tamaño. En 1575, arrebató Bihar y Bengala al jefe afgano Daud Khan, y al año siguiente derrotó a su último gran oponente rajput, Rana Pratap de Mewar, en la batalla de Haldighati. (Para su desgracia, envió al general rajput Kunwar Man Singh a dirigir el ejército mogol, animando a sus oficiales hindúes a luchar bien contra otro rajput). Luego, en 1585, tomó Cachemira y, en la década de 1590, miró hacia el Deccan, donde el sultanato bahmaní se había fragmentado.

Salim, uno de los tres hijos de Akbar, estableció su propia corte en Allahabad en 1600, en lo que fue una forma no declarada de rebelión. Pero Akbar, quizá influido por las mujeres de su harén, se mantuvo diplomático y no empujó a Salim a la oposición abierta. Cuando Akbar murió en 1605, Salim heredó su imperio, tomando el nombre de Jahangir, «conquistador del mundo».

Jahangir continuó con el mecenazgo artístico de su padre y su política de mezcla de diferentes religiones y culturas. También aceptó al primer embajador inglés, sir Thomas Roe, en 1615 y le dio permiso para una «factoría» (casa de comercio) inglesa en Surat. En su diario, Roe afirma que él y el emperador eran amigos de copas. Sin embargo, Jahangir no menciona a Roe en absoluto en su autobiografía.

Al igual que su padre Akbar, Jahangir se había casado con varias princesas rajput. Esto vinculó aún más estrechamente a las casas principescas rajput con el imperio mogol. Más tarde se casó con la viuda de un oficial persa, Sher Afgan; su nombre era Nur Jahan, y como vigésima y última esposa de Jahangir, se convirtió en el poder detrás del trono, colocando a miembros de su familia en altos cargos. Al parecer, era una excelente cazadora de tigres y una gran tiradora.

Nur Jahan y su padre, Mirza Ghiyas Beg (también conocido por su título honorífico de I'timad-ud-Daulah, «pilar del Estado»), se convirtieron en el poder detrás del trono. Jahangir había heredado la predilección de Babur y Akbar por las drogas y el alcohol, pero no su fuerza de voluntad, por lo que dejar que Nur Jahan se hiciera cargo de gran parte de los asuntos de Estado era tentador. Tampoco era lo peor que podía haber hecho; Nur Jahan había sido bien educada por su padre y era muy capaz como administradora. Incluso rescató a su marido de su cautiverio cuando unos rebeldes atacaron su caravana de camino a Cachemira.

Jahangir murió en 1627 sin haber elegido sucesor. Nur Jahan apoyó al príncipe Shahriar, que se había casado con su hija Ladli. Sin embargo, el príncipe Khurram derrotó y ejecutó a Shahriar y le sucedió en el trono como sah Jahan («rey del mundo»). Nur Jahan pasó el resto de su vida bajo arresto domiciliario en Lahore.

Sah Jahan es recordado como el emperador que construyó el Taj Mahal para su esposa favorita, Mumtaz Mahal. La historia de su matrimonio es una de las grandes historias de amor de la India, pero para no ponernos sentimentales, conviene recordar que tuvieron catorce hijos y que Mumtaz Mahal murió al dar a luz al decimocuarto. Su cuerpo debía de estar agotado.

El Taj Mahal, epítome de la arquitectura y la jardinería mogoles

Este archivo no es de dominio público. Por lo tanto, si reutiliza este archivo, le rogamos que ponga lo siguiente junto a la imagen: © Yann Forget / Wikimedia Commons. https://commons.wikimedia.org/wiki/File:Taj_Mahal_(Edited).jpeg

El Taj Mahal marca la cumbre de la arquitectura mogol. Mientras que la arquitectura de Akbar era una mezcla de elementos indios y centroasiáticos, en tiempos del sah Jahan, las dos corrientes se habían fundido en una sola, y el mausoleo es un concepto arquitectónico completamente integrado. Utiliza una combinación rítmica de sólidos y vacíos, así como elementos cóncavos y convexos, como los nueve arcos abiertos de la fachada. Mientras que en el mausoleo de Akbar los pequeños pabellones *chhatri* están separados, el Taj Mahal integra las cuatro cúpulas de las esquinas para que formen una masa piramidal con la cúpula principal.

Destaca el trabajo en piedra dura de incrustaciones de mármol y piedras semipreciosas, que muestra flores naturalistas y hace de toda la obra una referencia a los jardines del paraíso. Todos los emperadores mogoles, desde Babur en adelante, adoraban los jardines. El jardín cuadrado con un edificio en el centro y cursos de agua para refrescarse fue una de las aportaciones más deliciosas de la cultura mogola.

Tras los reinados sincréticos y tolerantes de los dos emperadores anteriores, con sah Jahan el Imperio mogol volvió a la ortodoxia islámica. También expandió el imperio por el sur, sometiendo a tres de los sultanatos del Deccan, y derrotó una rebelión sij en Punyab bajo el mando de Guru Hargobind.

Pero en 1658, el sah Jahan enfermó gravemente. Viviría siete años más, pero su enfermedad desencadenó una lucha fratricida entre el príncipe heredero y regente Dara Shikoh y sus hermanos menores Shuja, Murad Bakhsh y Aurangzeb. Tras derrotar a Dara Shikoh en la batalla de Samugarh, Aurangzeb se convirtió en el sexto emperador mogol, declaró a su padre incompetente para gobernar y lo encerró en el fuerte de Agra por el resto de su vida. (Desde el fuerte, el sah Jahan habría visto todos los días el Taj Mahal, justo al otro lado del río Yamuna).

Bajo Aurangzeb, el Imperio mogol alcanzó su máxima extensión, tomando Ladakh (en el Himalaya) como estado tributario y conquistando Bengala y los restantes sultanatos meridionales de Bijapur y Golconda (Hyderabad).

Sin embargo, Aurangzeb rompió finalmente con la tradición mogol de tolerancia. Volvió a imponer la *yizia*, el impuesto adicional a los no musulmanes, así como un gran impuesto sobre los beneficios de los comerciantes hindúes. (Probablemente estaba escaso de fondos tras la intensa guerra que precedió a su llegada al poder. Sin embargo, uno de los resultados de sus políticas, y del aumento del impuesto sobre la tierra, fue que muchos hindúes decidieron emigrar a tierras bajo la jurisdicción de las Compañías de las Indias Orientales, donde no había impuestos basados en la religión).

Aurangzeb también demolió varios templos hindúes; al parecer, le preocupaban los musulmanes que se sentían atraídos por las enseñanzas hindúes y adoptaban formas de vida o vestimenta no musulmanas. También ejecutó a musulmanes «herejes», como el místico sufí Sarmad Kashani, ejecutó a Dara Shikoh por apostasía e hizo ejecutar al gurú sij Tegh Bahadur.

En concreto, Aurangzeb demolió el templo de Vishwanath en Benarés y el templo de Mathura, donde se encontraba el lugar de nacimiento de Krishna. Algunas destrucciones de templos anteriores pueden atribuirse al deseo de un conquistador de destruir las obras de gobernantes anteriores. Incluso algunos gobernantes hindúes lo hicieron: por ejemplo, Indra III Rashtrakuta destruyó el templo fundado por Pratihara en Kalpa. Pero en el caso de Aurangzeb, la documentación contemporánea muestra que su destrucción de estos templos estuvo motivada puramente por la doctrina religiosa. La demolición de estos dos importantes centros de culto hindú sigue siendo hoy en día un tema delicado para los hindúes.

Pero Aurangzeb murió decepcionado. Shivaji y sus marathas presionaban por un lado, y una rebelión pastún en Afganistán por otro. Sus interminables guerras habían empobrecido su imperio. Cuando murió, a los 88 años, había sobrevivido a muchos de sus hijos y no había nombrado sucesor.

«Vine solo y me voy como un extraño —escribió—. El instante que ha pasado en el poder solo ha dejado tristeza tras de sí. No he sido el guardián y protector del imperio. La vida, tan valiosa, ha sido malgastada en vano. Dios estaba en mi corazón, pero no pude verlo. La vida es pasajera. El pasado se ha ido y no hay esperanza para el futuro. Todo el ejército imperial está como yo: desconcertado, perturbado, separado de Dios, temblando como el azogue. Temo mi castigo. Aunque tengo una firme esperanza en la gracia de Dios, la angustia por mis actos me acompaña siempre» (Dalrymple 2019). Su tumba, en la pequeña ciudad de Khuldabad, es una sencilla tumba al aire libre en el patio de un santuario, lejos de las glorias de las tumbas de sus predecesores en

Lahore, Delhi y Agra.

Tras la muerte de Aurangzeb en 1707, el Estado mogol empezó a desmoronarse. Aurangzeb había dañado la economía mogol al llevar a cabo un costoso programa militar; su expansión del imperio se produjo a expensas de su solvencia. También había juzgado mal a sus hijos, esperando que compartieran el imperio entre ellos. (Parece que compartir nunca ha sido un rasgo mogol. Aurangzeb debería haber recordado cómo había matado a sus hermanos para ascender al trono).

Akbar había gobernado 49 años, Jahangir 21, Sah Jahan 30, y Aurangzeb 48. El siguiente emperador, el tercer hijo de Aurangzeb, Azam Sah, gobernó solo tres meses. Bahadur Sah, el segundo hijo de Aurangzeb, venció a Azam Sah en batalla y subió al trono, pero murió cuatro años después. El hijo de Bahadur, Jahandar Sah, solo gobernó 350 días antes de que su sobrino Farrukhsiyar lo derrotara en una batalla, lo encarcelara y lo hiciera estrangular.

Fue Farrukhsiyar quien concedió a la Compañía de las Indias Orientales licencia para comerciar libre de impuestos en Bengala, Bihar y Orissa, sembrando las semillas de la perdición del Imperio mogol. Los levantamientos de los jats, los sijs y los marathas ya habían desafiado al imperio, y varios estados sucesores empezaron también a separarse; el imperio se dividió en reinos en guerra. En 1739, los persas al mando de Nader Sah saquearon la capital, Delhi, llevándose un botín que incluía el Trono del Pavo Real de Jahangir y el diamante Koh-i-Noor.

Entre ambos, Jahangir y Aurangzeb también habían conseguido que los sijs dejaran de ser un núcleo pacífico de fieles para convertirse en un ejército vengativo mediante la persecución de la nueva y relativamente pequeña secta. En 1606, Jahangir dio al quinto gurú sij, el gurú Arjan Dev, la opción de convertirse al islam o ser ejecutado; el gurú eligió la muerte. Después de esto, el hijo del gurú Arjan Dev y sucesor como sexto gurú, el gurú Hargobind, creó un ejército sij. Consiguió mantener relaciones distantes con Jahangir, pero bajo Sah Jahan, los sijs emprendieron una guerra abierta contra el Imperio mogol y los gobernadores locales del Punyab. En 1675, Aurangzeb hizo ejecutar al noveno gurú sij, el gurú Tegh Bahadur (dándole la misma opción que Jahangir había dado al gurú Arjan Dev). Tras este acontecimiento, la identidad sij se había forjado firmemente no solo como identidad religiosa, sino también política y militar.

Los sijs dependían ahora de sus líderes militares más que de los gurús. Banda Singh Bahadur dirigió la *Khalsa* (comunidad y ejército sij) a principios del siglo XVIII. Abolió el impuesto mogol zamindar y el sistema de tenencia de la tierra en tierras sijs, otorgando a los campesinos la propiedad de sus propias tierras, pero finalmente fue capturado por los mogoles y ejecutado.

Después de la época de Banda Singh, los sijs se retiraron a las selvas y utilizaron tácticas de guerrilla contra los mogoles; el Imperio mogol los consideraba poco mejores que bandidos. En 1716, Farrukhsiyar ordenó que los sijs fueran convertidos a la fuerza al islam o ejecutados.

Sin embargo, en 1783, los aguerridos sijs habían cambiado las tornas. Jassa Singh Ramgarhia dirigió un ejército sij hacia Delhi, y los mogoles bajo el mando de sah Alam II se vieron obligados a firmar la paz. La Confederación Sij tenía ahora el control total del Punyab. Ranjit Singh, líder de la mayor parte de la Confederación Sij, ascendió al poder como líder de toda la comunidad y, en 1801, fue coronado como maharajá de Punyab, creando el Imperio sij, que gobernó hasta su muerte en 1839.

Maharajá Ranjit Singh, «León del Punyab», de un retrato contemporáneo
https://commons.wikimedia.org/wiki/File:Maharaj_Ranjit_Singh.jpg

(Sin embargo, tras la muerte de Ranjit Singh, las cosas se desmoronaron con notable rapidez. Hubo envenenamientos, «accidentes», asesinatos y cuatro líderes en solo dos años. Duleep Singh, el último maharajá, le sucedió a la edad de cinco años, en 1843. Fue depuesto por los británicos y luego se exilió a Gran Bretaña, donde trabó amistad con la reina Victoria, cazó con el príncipe de Gales y fue reconocido como el cuarto mejor tirador de Inglaterra. Su hijo y sucesor, Victor Albert Jay Duleep Singh, fue a Eton y Sandhurst y se casó con la aristocracia británica; su hija, Sophia Duleep Singh, se convirtió en una destacada sufragista, y Catherine Duleep Singh se trasladó a Alemania, donde ella y su antigua institutriz ayudaron a salvar a varias familias judías en la década de 1930 ayudándolas a trasladarse al Reino Unido).

El imperio mogol no solo tenía que enfrentarse a los sijs en el norte, sino que a finales del siglo XVII también sufría la presión del sur. Shivaji Bhonsle, hijo de un oficial del ejército que había trabajado para varios gobernantes locales, decidió aprovechar la debilidad del sultanato de Bijapur para hacerse con varios fuertes. Finalmente, Shivaji derrotó a las fuerzas de Bijapur en la batalla de Pratapgarh en 1659 y pudo tomar gran parte de la costa de Konkan hacia el oeste.

Shivaji, con sus seguidores marathas, invadió el Deccan y se dirigió a Surat, en Guyarat. Atacó por mar el asentamiento portugués de Basrur, pero luego sufrió un revés: El general de Aurangzeb, Jai Singh, lo obligó a llegar a un punto muerto, y Shivaji firmó el Tratado de Purandar, convirtiéndose en vasallo del Imperio mogol.

Sin embargo, Aurangzeb cometió un grave error cuando convocó a Shivaji a la corte en 1666: lo ofendió haciéndolo colocarse junto a hombres de bajo rango a los que había derrotado en batalla. Shivaji protestó, se negó a acudir de nuevo a la corte y fue puesto bajo arresto domiciliario mientras Aurangzeb decidía qué hacer con él.

Shivaji, hombre paciente y buen hindú, acostumbraba a enviar grandes cestas de dulces a los sacerdotes y a los pobres mientras estaba en prisión. Tras un par de meses de piedad, supo que sus carceleros estaban acostumbrados a ver enviar las cestas y ya no le prestaban mucha atención. Se escondió en una, su hijo Sambhaji se escondió en otra, y los llevaron a la libertad.

Siguieron años de paz incómoda con los mogoles. Aurangzeb luchaba con fuerza en el norte y retiró tropas del Deccan; muchos soldados desbandados decidieron que preferían unirse a los marathas. Shivaji no tardó en retomar el Deccan y la mayor parte de la costa, desde Surat hasta Goa; finalmente, controló la península hasta Madrás. Hostigó la factoría inglesa de Bombay e invadió Bengala. Finalmente, decidió que debía ser rey. Solo una cosa se interponía en su camino: el hecho de ser shudrá, y no kshatriya, por casta. Los brahmanes de su corte se opusieron.

Shivaji encontró un erudito amigo de Varanasi que descubrió una genealogía que demostraba que era de sangre real. Aun así, se lo obligó a hacer penitencia por no observar los rituales de casta correctos, a someterse a la ceremonia del hilo sagrado y a volver a casarse con todas sus esposas según los ritos védicos. Finalmente, en 1674, fue coronado rey y surgió el Imperio maratha. Tanjore (Thanjavur) también se incorporó al imperio, y después Mysore; el sueño de una India meridional unida estaba casi cumplido.

Shivaji murió en 1680 y le sucedieron sus hijos Sambhaji y Rajaram, y luego su nieto Shahu. Los marathas estuvieron a punto de tomar Delhi en 1737, cuando el Imperio mogol había quedado reducido a una pequeña zona alrededor de Delhi y Panipat, y la mayoría de los estados musulmanes habían sido conquistados. Solo el nizam de Hyderabad había podido resistir en el sur, y lo haría hasta la independencia de la India y más allá.

El Imperio maratha acabó convirtiéndose en una confederación entre los Gaekwads de Baroda, los Holkars de Indore y Malwa, los Bhonsales de Nagpur y los Scindias de Gwalior. Durante un tiempo, este delicado equilibrio pareció funcionar. Entonces, de repente, llegaron los británicos, enfrentaron a estas familias principescas entre sí y el Imperio maratha desapareció tan rápido como había nacido. Pero esa es una historia que abre un nuevo capítulo en la historia de la India.

Capítulo 5: La India colonial y la Compañía de las Indias Orientales

La historia de los británicos en la India comienza con la fundación de la Compañía de las Indias Orientales (EIC o la Compañía) en 1600. En esa época, Inglaterra era rica bajo el reinado de Isabel I, Shakespeare escribía sus obras y parecía que Inglaterra estaba de suerte, salvo que se había perdido la oleada de riqueza que llegaba a España y Portugal a través de la colonización de América Latina. Los comerciantes londinenses y sus amigos marinos querían algo mejor y, para encontrarlo, dirigieron su atención hacia el este, no hacia el oeste.

Al principio, se concentraron en establecer estaciones comerciales, conocidas como «factorías», que les permitieran exportar productos indios como *palampores* (telas muy decoradas), algodón, seda y añil. (Los holandeses ya se habían hecho con el control del comercio de especias, concentrándose en Indonesia). A principios del siglo XVII, el comercio se estableció en Machilipatnam/Masulipatnam en la costa este, Surat en Guyarat, Burhampore y Cossimbazar en Bengala, Calicut/Kozhikode en Kerala, Patna, Madrás/Chennai y Dacca/Dhaka (actual capital de Bangladesh); a finales del siglo XVII, le siguieron Hooghly, Bombay/Mumbai y Calcuta.

La EIC empezó siendo pequeña, pero creció rápidamente. En 1750, la EIC representaba casi un millón de libras del total de 8 millones de libras del comercio de importación británico, y solo el té suponía 0,5 millones de libras de ingresos. Muchos parlamentarios y miembros de la Cámara de los Lores eran accionistas de la EIC, por lo que se había convertido, por así decirlo, en la cola que movía al perro. Si necesitaba que se aprobara legislación para apoyar sus objetivos, contaba con muchos diputados «mansos» que la apoyarían.

Aun así, la EIC no era más que una sociedad de inversión empresarial, un negocio de importación y exportación, por así decirlo. Sin embargo, dos grandes tendencias acabarían por cambiar el estatus de la implicación británica en la India. La primera fue el desmoronamiento gradual del Imperio mogol. La segunda fue la creciente tensión entre Francia y Gran Bretaña, que se convirtió en un conflicto global librado a través de la guerra de Independencia estadounidense y en la India.

Las guerras carnáticas, de 1746 a 1763, se desencadenaron a raíz de la guerra de sucesión austriaca en Europa. (Esta guerra enfrentó a Francia, Prusia y España con la monarquía de los Habsburgo y Gran Bretaña, y acabó implicando a la mayor parte de Europa).

Joseph François Dupleix, gobernador de la Compañía Francesa de las Indias Orientales, era un hombre ambicioso y vio cómo podía ampliar la influencia francesa en la India atacando a los británicos. Aunque al principio tuvo éxito, se topó con el joven Robert Clive.

Clive parece haber sido una especie de matón en su juventud. Era un alborotador en la escuela, siempre peleándose, y es posible que su padre lo enviara a la India porque sencillamente no sabía qué hacer con él. Se convirtió en un oficial de la Compañía extraordinariamente valiente (incluso temerario), a pesar de no haber recibido formación militar; sus dos primeros años los pasó principalmente llevando las cuentas de la Compañía en Fort St. George (Madrás). Participó en la primera guerra carnática cuando, en 1746, Madrás fue tomada y los oficiales de la Compañía llevados a Pondicherry como cautivos. Consiguió escapar con otros tres vestidos de indios; más tarde, se le asignó un pelotón en el sitio de Pondicherry, donde se distinguió en la acción.

En 1748, la muerte del nizam de Hyderabad desencadenó la segunda guerra carnática. Aquí, Clive volvió a hacerse un nombre, realizando varias marchas forzadas para tomar por sorpresa el fuerte de Arcot. Cuando se vio rodeado por los sitiadores, esperó a la noche y lanzó un ataque por sorpresa contra el otro ejército; huyeron, sin llegar a enterarse de lo reducidas que eran sus fuerzas. La sorpresa se había convertido en una de las tácticas características de Clive. Finalmente, la India francesa quedó reducida al único puesto avanzado de Puducherry (donde los panaderos siguen sirviendo excelentes cruasanes y los policías visten kepis al estilo francés).

A pesar de que la opinión pública británica lo llamaba «Clive de la India», en realidad Clive detestaba la India y se alegró de poder retirarse a Inglaterra tras haber hecho fortuna. Pasó los dos años siguientes jugando a la política británica... y perdiendo. Sin embargo, lo llamaron para que volviera a la India, y como parece que ya había gastado una parte importante de su fortuna, es posible que necesitara volver a ocupar su puesto para recibir nuevos fondos. Desembarcó en Madrás, pero, tras la noticia de que Cossimbazar y Calcuta habían sido tomadas por el nabab de Bengala, fue enviado rápidamente al norte para hacer frente a la situación.

La Bengala mogol estaba gobernada desde Murshidabad y había permitido la instalación de numerosas fábricas a lo largo del río Hooghly por parte de portugueses, holandeses y armenios, además de ingleses. En aquella época era una de las zonas más ricas de la India, con un enorme comercio textil, y los nababs habían creado una cultura cortesana de cierta sofisticación. Las provincias de Bihar, Bengala y Orissa (desde 1741) estaban gobernadas por el nabab Alivardi Khan, que mantenía una estricta neutralidad con las naciones europeas que comerciaban en Bengala; a diferencia del sur, Bengala había escapado a la participación en las guerras entre Francia y Gran Bretaña. (Alivardi era un amante de los gatos y a menudo hacía negocios con un gato persa blanco en su regazo: ¡una versión mogol del Ernest Blofeld de la serie *James Bond*!)

Para las finanzas, Alivardi también contaba con la familia de banqueros Seth. Actuaban como tesorería central y controlaban la ceca vendiendo moneda a la EIC y cobrando una comisión por este suministro. El banco Seth tenía sucursales en varias ciudades de la Compañía, como Calcuta, Surat, Bombay y Madrás.

Sin embargo, Alivardi murió en 1756 y su sucesor, su sobrino Siraj ud-Daulah, de 23 años, no siguió la prudente política de Alivardi. A menudo se lo ha tachado de borracho e incluso se lo ha presentado como un violador bisexual y psicópata en serie (Dalrymple, 2019). Siraj se había hecho persona non grata para los británicos por su comportamiento inadecuado y, decidido a darles una lección, marchó primero sobre Cossimbazar y luego sobre Calcuta.

Los británicos se vieron desbordados; Fort William no estaba bien equipado y el gobernador, Roger Drake, decidió huir con varios oficiales. Un cirujano, John Holwell, tomó el mando de los hombres que quedaban y se rindió formalmente a Siraj ud-Daulah. Al principio, los hombres fueron bien tratados, pero después de que unos cuantos soldados se emborracharan y empezaran a mostrarse insoportables, los británicos fueron acorralados y metidos en la prisión de su propio fuerte, el famoso «Agujero Negro de Calcuta». La noche era una de las más calurosas del año, y tras una noche hacinados en la pequeña habitación sin agua ni aire fresco, muchos de los hombres se asfixiaron.

El Agujero Negro no fue especialmente celebrado en su momento, pero en la India victoriana se convirtió en un símbolo clásico de la barbarie y el atraso indios. Sin embargo, conviene recordar que el Agujero Negro fue creado por los británicos, que lo consideraron perfectamente adecuado para retener a los prisioneros, aunque quizá no en un número tan elevado. En los últimos años, las cifras citadas por Holwell también han sido cuestionadas. Según él, solo 23 de las 146 personas obligadas a entrar en la celda sobrevivieron a la noche, pero otros historiadores han cifrado el número de prisioneros en 64 y 43, cifras mucho más bajas.

Un historiador bengalí decidió adoptar un enfoque experimental, marcando un cuadrado del mismo tamaño que la celda, 5.5 metros cuadrados. Luego pidió a los aldeanos locales que llenaran el espacio. A pesar de que los aldeanos bengalíes eran probablemente más pequeños y delgados que los soldados británicos y de que se apretujaban lo más posible, no consiguió meter a 146 de ellos en el espacio.

Si Siraj ud-Daulah solo hubiera molestado a los británicos, podría haber sobrevivido. Pero también disgustó al Jagat Seth («banquero del mundo») Mahtab Rai, su tesorero. Cuando no pudo sacar suficiente dinero del tesoro, abofeteó al Seth en público, convirtiendo en un formidable enemigo a su principal financiero. También sustituyó a su pagador, Mir Jafar. Fue una imprudencia; los Seth decidieron entonces que trabajarían en secreto para los británicos, y Mir Jafar se unió a la conspiración. (También tenía sus ojos puestos en el trono del nabab).

Clive rápidamente logró retomar Calcuta. Después tomó el enclave francés de Chandannagar y declaró la guerra a Siraj ud-Daulah, remontando el río Hooghly hacia Murshidabad. En Plassey, encontró al ejército del nabab ya atrincherado, y se esperaba la llegada de refuerzos en dos días. Clive hizo que su ejército tomara posiciones en un bosque de mangos cerca de un pabellón de caza. Su ejército era muy inferior en número y estaba cansado, ya que había cruzado el río a gran velocidad para llegar a Plassey.

El ejército de Siraj ud-Daulah era numeroso, pero Clive tenía una ventaja secreta. Mir Jafar, que dirigía gran parte del ejército de Siraj ud-Daulah, había prometido que sus tropas no participarían en la lucha, sino que las mantendría a la espera. También había sobornado a otros oficiales del ejército bengalí. Todo dependía de que los aliados de Clive en el bando bengalí mantuvieran su palabra.

Al amanecer del 23 de junio de 1757, la artillería de Siraj abrió fuego. La descarga continuó durante toda la mañana, pero Siraj no atacó. Al cabo de media hora, Clive trasladó a sus hombres a la arboleda de mangos, que estaba protegida por un terraplén de lo peor del bombardeo. Mir Jafar estaba allí con su división del ejército, pero no había participado activamente en la batalla. (¿Estaba esperando su momento o ayudando activamente a los ingleses?)

A mediodía empezó a llover. Siraj no había tomado precauciones contra la lluvia, y su artillería descubrió que su munición se había mojado y no disparaba. Mientras tanto, Clive, que no había empezado a disparar hasta entonces, y cuya artillería estaba bien protegida por lonas, pudo iniciar un fuego continuo sobre el ejército del nabab.

En ese momento, Mir Madan, el jefe de artillería bengalí, decidió atacar a los británicos, encabezando la embestida sobre su elefante de guerra. Gracias a la puntería de un soldado de la Compañía, Mir Madan fue abatido y llevado a la tienda del nabab, donde murió. Esto cambió el curso de la batalla; Siraj ud-Daulah parece haber perdido toda confianza y decidió retirarse. Finalmente, los hombres de Mir Jafar se retiraron, dejando a Clive como vencedor.

Plassey le costó al nabab 500 hombres, incluidos algunos de sus mejores oficiales, como Mir Madan, y tres elefantes. Solo murieron 22 soldados británicos, aunque 50 resultaron heridos. Plassey abrió el camino hacia Murshidabad, donde Mir Jafar hizo asesinar a Siraj ud-Daulah y luego tomó el poder.

Si Siraj hubiera ganado la batalla de Plassey, la EIC de Bengala habría sido aniquilada (y también Mir Jafar, muy probablemente). Clive tiró los dados a la desesperada, pero funcionó. La Compañía dejó de ser una simple casa comercial para convertirse en una potencia regional en la India. Fue Clive, y no el emperador mogol, quien autorizó la coronación de Mir Jafar como nabab. Como resultado, era una corporación multinacional y no el Imperio mogol quien ostentaba el poder político. Bengala se había sometido efectivamente a una toma de poder corporativa.

En el futuro, la Compañía seguiría trabajando a través de gobernantes locales «domesticados». Por ejemplo, en 1765, sir Hector Munro derrotó a Shuja ud-Daulah, el nabab de Awadh (Oudh), en Buxar; Clive lo reinstaló como nabab «domesticado», y Awadh siguió siendo un estrecho aliado de la Compañía durante más de un siglo. (Por cierto, Clive se enriqueció con lo que hoy llamaríamos información privilegiada. Cuando se enteró de la victoria en Buxar, ordenó a su agente en Inglaterra que hipotecara su casa e invirtiera los fondos en acciones de la Compañía. Debió de hacer una fortuna con el negocio). La toma de Awadh dio a los británicos una enorme influencia sobre los mogoles. Se convenció al emperador, Sah Alam II, para que concediera a los británicos los derechos *diwani* sobre Bengala, Bihar y Orissa, convirtiéndolos en gobernadores de la provincia y otorgándoles el derecho a recaudar impuestos.

Clive regresó a Gran Bretaña como uno de los hombres más ricos del país, pero no era un hombre feliz, y en 1774 se cortó el cuello con una navaja. Solo tenía 49 años.

Bengala vivió tiempos miserables tras la batalla de Plassey. La apuesta de Clive había sido costosa, y la Compañía necesitaba recuperar su inversión. La forma más fácil de hacerlo no era a través del comercio, sino de los impuestos. Bengala fue desangrada.

Por desgracia, en 1769, las condiciones climáticas estaban cambiando. No llovía; sin lluvia, el arroz escaseaba. A finales de 1770, el hambre había matado hasta diez millones de personas, un tercio de la población. A diferencia de los gobernantes indios, los británicos no habían creado reservas estratégicas de arroz ni redes benéficas de distribución. Las enormes deudas de la Compañía seguían sin saldarse, mientras que la hambruna significaba que no llegaban ingresos fiscales. Tras haber matado a millones de indios, la Compañía estuvo a punto de autodestruirse: en 1773 tuvo que ser rescatada por el gobierno británico.

Clive había identificado a varios hombres dotados dentro de la Compañía. Uno de ellos era Warren Hastings, a quien Clive había nombrado residente británico en Murshidabad. Hastings era muy diferente de Clive; era un erudito y un administrador diligente, y se enamoró de la India, aprendiendo rápidamente persa, urdu y, más tarde, bengalí. También llevó a cabo una serie de reformas. Clive ya había creado un ejército moderno para la EIC, pero Hastings transformó su burocracia y mejoró los conocimientos británicos sobre el subcontinente. Codificó las leyes, inició el levantamiento cartográfico de la India y creó un servicio postal. También fundó la Sociedad Asiática y patrocinó una traducción del *Bhagavad Gita*. Además, construyó enormes graneros, incluido el inmenso Golghar de Patna (que aún puede verse hoy), para evitar que cualquier hambruna futura fuera tan grave como la de 1769-70.

Warren Hastings, pintado por Tilly Kettle. Este hombre pensativo y discreto dirigió la India, y su segunda esposa fue una baronesa alemana
https://commons.wikimedia.org/wiki/File:Warren_Hastings_by_Tilly_Kettle.jpg

En 1773, Madrás, Bombay y Calcuta quedaron bajo control unificado con el nombramiento de Hastings como gobernador general; la Compañía se convirtió en una sola potencia en lugar de un trío de enclaves separados. Al haber sido rescatada por el gobierno británico, también había sido, en cierto sentido, nacionalizada. Aunque conservaba su autonomía, ahora el gobierno podía mover los hilos.

Bengala y el norte de la India estaban ya prácticamente bajo control británico, o al menos bajo su influencia, lo que convertía al sur en la siguiente gran zona de expansión británica, donde Haidar Ali y su hijo Tipu, sultán de Mysore formaban una decidida oposición a la Compañía. Haidar Ali había adoptado técnicas militares modernas del ejército francés en la India, por lo que su reino no fue una conquista fácil. De hecho, parece que en Mysore existía un club jacobino de oficiales republicanos franceses; se dice que Tipu plantó un árbol de la libertad y se declaró «ciudadano Tipu», aunque este último hecho puede haber sido propaganda de la Compañía.

Durante mucho tiempo, los sultanes de Mysore lograron frenar a los británicos, pero en 1792, el general lord Cornwallis consiguió finalmente tomar Bangalore. Aun así, no pudo tomar la fortaleza de Tipu en Srirangapatna. Tipu no tuvo más remedio que rendirse, cediendo la mitad de su territorio.

La situación quedó en calma durante un tiempo, pero una vez más, los acontecimientos europeos dictaron el curso de los acontecimientos en la India: La victoria de Nelson en la batalla de Trafalgar en 1798 privó a Tipu de posibles nuevos apoyos franceses, y el marqués Wellesley, con su hermano Arthur (más tarde duque de Wellington) en su estado séquito, decidió pasar a la ofensiva ahora que Tipu estaba aislado. Tomaron Srirangapatna el 4 de mayo de 1799, tras un asedio de casi un mes. Tipu, luchador hasta el final, murió defendiendo los muros de su fuerte.

En el Museo Victoria y Alberto de Londres se conserva un pequeño, pero interesante recuerdo de la corte de Tipu: el tigre de Tipu. El tigre era el emblema de la dinastía de Tipu. Sus hombres vestían túnicas con rayas de tigre, había rayas de tigre en sus monedas y su trono tenía brazos con cabezas de tigre. Este tigre de madera, bellamente tallado y pintado, aparece en el acto de matar a un soldado de la Compañía de las Indias Orientales, cuyos gemidos de muerte son imitados por el órgano de tubos oculto en el interior del tigre.

Los Scindia y los Holkar eran ahora los últimos restos del Imperio maratha, los Holkar gobernando desde Indore y los Scindia en Ujjain y más tarde en Gwalior. Yashwantrao Holkar intentó unir a los gobernantes marathas restantes, pero no lo consiguió, y finalmente se le obligó a firmar el Tratado de Rajghat en 1805, por el que se lo reconocía como rey soberano, pero se lo aliaba con los británicos.

La tercera guerra anglo-maratha de 1818 supuso la conquista de los marathas restantes, tras lo cual Indore y Gwalior se convirtieron en estados principescos bajo dominio británico. Bundelkhand, la mayor parte de Rajastán y Nagpur se convirtieron al mismo tiempo en territorios británicos. Con el paso de los años, la India británica amplió su radio de acción mediante alianzas con estados como Cochin, Travancore (actual Kerala) e Hyderabad. La Compañía de las Indias Orientales había empezado con varias islas diminutas y aisladas dentro de la India; ahora controlaba —ya fuera por conquista o alianza— prácticamente todo el subcontinente.

Al mismo tiempo, la naturaleza de la participación británica en la India estaba cambiando. Anteriormente, muchos empleados de la Compañía Británica se habían establecido en la India, casándose con mujeres indias y viviendo a menudo la vida de un noble indio. Cornwallis puso fin a eso: decretó que los británicos no debían establecerse en la India. Se convirtieron en una comunidad de expatriados que regresaban a Gran Bretaña tras sus misiones. Esto rebajó automáticamente el estatus de las familias angloíndias. También provocó una mayor barrera social entre británicos e indios; los clubes y redes sociales británicos excluían a los indios. El gobernador general y posteriormente virrey, por ejemplo, era siempre un cargo temporal, normalmente de cinco años; el más longevo fue lord Linlithgow, con solo ocho años de servicio. Muchos virreyes no habían visitado la India antes de su nombramiento y, en consecuencia, a menudo no conocían bien el país que gobernaban.

Cornwallis también llevó a cabo reformas agrarias que empezaron a cambiar la composición social de la India. Sus reformas agrarias arruinaron a muchas antiguas familias mogoles, y los *bhadraloks* hindúes (equivalentes a «caballeros») surgieron para ocupar su lugar.

La intención de Cornwallis con sus diversos cambios era probablemente evitar que la India se pareciera a América, donde los colonos ingleses se habían apegado más a América que a su país de origen. Sin embargo, sus reformas llevaron a la India a ser administrada por hombres que no tenían ningún interés a largo plazo ni amor por el país.

La Compañía mantuvo el control hasta 1857, aunque cada vez más influida por las prioridades del gobierno británico. Sin embargo, 1857 fue un año traumático y marcó un cambio decisivo en la naturaleza del gobierno británico. Fue el año de lo que los primeros historiadores británicos llamaron la rebelión de los cipayos (los soldados indios del ejército de la Compañía eran conocidos como cipayos), pero que ahora se conoce más frecuentemente como la rebelión de la India de 1857; también puede considerarse como la primera guerra de independencia.

Hubo muchas razones para la rebelión. Los altos impuestos, reformas como la prohibición del *satí* (viudas que se unían a sus maridos en la pira funeraria) y los rumores de conversiones forzosas al cristianismo habían alienado a los indios. La doctrina de la caducidad, que permitía a los británicos tomar el control de estados principescos sin un heredero directo, era otro punto delicado. Y el ejército de Bengala, reclutado principalmente entre las castas superiores, tenía quejas, como que se esperara que sirviera en ultramar sin la tradicional paga especial de ultramar.

La chispa inmediata de la rebelión fue la introducción del nuevo fusil Enfield. Este fusil utilizaba cartuchos ya preparados envueltos en papel engrasado; había que morder el extremo del cartucho antes de insertarlo en el arma. Los soldados del ejército de Bengala con base en Meerut, cerca de Delhi, se enteraron de que los cartuchos estaban engrasados con sebo de vacuno (prohibido para los hindúes) y manteca de cerdo (prohibida para los musulmanes). Varios soldados destinados allí se negaron a aceptar los cartuchos; fueron juzgados en consejo de guerra y encarcelados.

Al día siguiente, las tropas indias se sublevaron, liberaron a sus colegas encarcelados y mataron a varios oficiales y civiles británicos. A continuación se dirigieron a Delhi, donde pidieron al emperador mogol, Bahadur Sah, que los dirigiera contra los británicos. Bahadur Sah, en un principio reacio, se vio obligado a aceptar. (Esto probablemente aseguró que los sijs, que recordaban bien su persecución bajo Sah Jahan y Aurangzeb, permanecieran del lado de los británicos). Los británicos marcharon sobre Delhi, sitiando la ciudad durante casi tres meses antes de tomarla. Bahadur Sah fue arrestado, dos de sus hijos y su nieto Mirza Abu Bakr fusilados, y el Imperio mogol llegó a su fin con el exilio de Bahadur Sah a Birmania.

La rebelión conoció una enorme escala de violencia y represalias. En Kanpur/Cawnpore, los británicos de la ciudad fueron asediados durante tres semanas; Nana Sahib, líder de la revuelta, ofreció al general Wheeler la posibilidad de escapar en barco por el Ganges hasta

Allahabad. El muelle fue rodeado por tropas indias que abrieron fuego cuando la mayoría de los británicos habían llegado. Esto bien pudo haber sido por accidente. Nana Sahib llevó a las mujeres y los niños que habían sobrevivido al Bibighar, la casa del secretario del magistrado local. Sin embargo, una vez que quedó claro que los británicos estaban ganando y que Nana Sahib no podría resistir, ordenó la masacre de todos los supervivientes. Para los británicos victorianos, este suceso simbolizaba la barbarie y la maldad de los indios —al igual que el Agujero Negro de Calcuta— y se utilizó para justificar las represalias.

Los británicos acabaron sofocando la rebelión, pero la Compañía de las Indias Orientales tenía los días contados. La Ley del Gobierno de la India de 1858 disolvió formalmente la Compañía y transfirió su dominio sobre la India al gobierno británico. La Compañía solo había durado un año más que el Imperio mogol.

Bajo el *raj* británico, la reina Victoria fue nombrada emperatriz de la India y se produjeron muchos cambios en el país. Algunos de ellos fueron la disolución de los antiguos regimientos del ejército de Bengala y la decisión de reclutar principalmente entre los sijs, baluchíes y gurjas, que habían apoyado a los británicos o no habían participado en la revuelta. Los maharajás y los grandes terratenientes, que en su mayoría se habían negado a apoyar la revuelta, fueron recompensados con la garantía de sus territorios; no se llevarían a cabo más reformas agrarias durante casi un siglo.

La Revolución Industrial ya había afectado a India, pero se aceleró. Se construyeron ferrocarriles por toda la India, así como nuevas carreteras, puentes e incluso canales, aunque su objetivo era beneficiar al comercio de importación y exportación bajo control británico y no a los intereses indios. No obstante, la llegada del ferrocarril creó una vasta infraestructura que ha tenido una enorme influencia en la vida india. Muchos indios emigraron a través del subcontinente para trabajar en las grandes ciudades, mientras que no era raro que un estudiante haga un viaje en tren de un día entero para asistir a una de las universidades o institutos técnicos más reputados (Mahatma Gandhi siempre viajaba en tercera clase para conocer a la gente corriente de la India e incluso escribió un libro titulado *La tercera clase en los ferrocarriles indios*).

Los ferrocarriles también crearon una enorme fuente de empleo; los angloíndios, en particular, formaban una gran comunidad de empleados ferroviarios. En la actualidad, los Ferrocarriles Indios emplean a 1,3 millones de personas y están introduciendo una nueva generación de trenes superrápidos, como el Shatabdi Express.

Terminal CST, Bombay: los ferrocarriles en estilo indo-sarraceno
Usernamekiran, CC BY-SA 4.0 <https://creativecommons.org/licenses/by-sa/4.0>, vía Wikimedia Commons;
https://commons.wikimedia.org/wiki/File:Chhatrapati_Shivaji_Terminus_railway_station_(cropped).jpg

Aunque los indios seguían siendo ciudadanos de segunda clase en su propio país, la educación les abrió nuevas oportunidades. A finales del siglo XIX, algunos indios empezaron a estudiar en Inglaterra, a menudo para obtener títulos jurídicos. Los padres de la Independencia eran en su mayoría abogados educados en Londres (hoy sería más probable que se hubieran educado en Harvard o el MIT).

Los historiadores modernos no dudan de que el Raj vació la India de riqueza con la misma eficacia que la Compañía. Incluso John Sullivan, recaudador de la Compañía en Coimbatore, admitió lo poco que el gobierno de la Compañía hizo por la India: «La pequeña corte desaparece, el comercio se desvanece, la capital decae, el pueblo se empobrece, el inglés florece y actúa como una esponja, extrayendo riquezas de las orillas del Ganges y exprimiéndolas en las orillas del Támesis» (citado en Tharoor, *Inglorious Empire*, cap. 1).

En el siglo XVIII, India había exportado a Europa materiales acabados. Bajo el Raj, se le impidió competir con la industria británica y se convirtió en proveedor de materias primas; de hecho, Gran Bretaña empezó a exportar telas a India. Los ferrocarriles importaban sus locomotoras de Gran Bretaña, y el contribuyente indio pagaba por ellas. No es de extrañar que, a principios del siglo XX, los indios empezaran a pensar en la independencia.

Capítulo 6: Gandhi: Libertad y partición

La historia de la independencia india no es solo la historia de Gandhi, pero es imposible imaginar que la independencia se produjera del modo en que lo hizo sin la participación de Gandhi. Para muchos, Gandhi es el rostro de la independencia. Todas las ciudades de la India tienen una carretera MG en su honor, y los billetes del país llevan la cara de Gandhi, con sus características gafas redondas.

Gandhi en un billete de 5 rupias, con una columna de Ashoka en la esquina inferior izquierda
*Banco de la Reserva de la India / AKS.9955, CC BY-SA 4.0
<https://creativecommons.org/licenses/by-sa/4.0>, vía Wikimedia Commons;
https://commons.wikimedia.org/wiki/File:5_Rupees_%28Obverse%29.jpg*

Nacido en Porbandar, Guyarat, donde su padre era ministro principal, Gandhi estudió derecho en el Inner Temple de Londres. Ya entonces, sus principios y métodos de acción social estaban claros: participó en una huelga de estibadores y se unió a la Vegetarian Society de Londres. En 1893 se trasladó a Sudáfrica (otra colonia británica), donde ejerció la abogacía durante veintiún años.

Fue en Sudáfrica donde conoció de primera mano la discriminación racial. Se había considerado «británico primero e indio después» (Herman, 87). Pero cuando se trasladó a Sudáfrica, descubrió que su piel lo convertía primero en indio y fue objeto de muchas restricciones, a menudo humillantes.

Gandhi fundó el Congreso Nacional Indio y empezó a crear una voz política india coherente en Sudáfrica; también trabajó como cuerpo de ambulancias y camillero en la guerra de los Boers y la revuelta zulú. En 1914, se encontraba a bordo de un barco rumbo a Londres cuando estalló la Primera Guerra Mundial. A su llegada, organizó un cuerpo de ambulancias de voluntarios cuyos miembros eran principalmente estudiantes indios en Londres y recibió clases de enfermería.

En 1915 regresó a la India y empezó a trabajar por los derechos civiles. Por ejemplo, en 1917 ayudó a los campesinos que cultivaban índigo en Bihar, pero no recibían una paga adecuada; consiguió importantes concesiones para ellos. En 1918, cuando Kheda fue azotada por las inundaciones, organizó un boicot social contra los funcionarios de hacienda utilizando la no cooperación para conseguir sus armas. Finalmente, el gobierno cedió, suspendiendo los impuestos durante los años 1918 y 1919.

Gandhi trabajó a menudo con las clases más bajas, y su visión de la independencia era decididamente india. Los nacionalistas anteriores, por ejemplo en Bengala, habían considerado a menudo las instituciones inglesas como un camino a seguir y obtenían gran parte de su apoyo de la creciente clase media india. Gandhi no solo trabajó con los trabajadores y agricultores, sino que recuperó las tradiciones indias, convirtiéndose visiblemente en un líder indio con su decisión de vestir ropas tradicionales en lugar del traje occidental.

El final de la Primera Guerra Mundial trajo la desilusión para muchos indios. Muchos de los regimientos indios habían luchado en la guerra, en Francia o en Gallipoli, y esperaban recibir una democracia cada vez mayor. Gran Bretaña no les dio nada. De hecho, obtuvieron algo peor que nada, ya que se aprobó la Ley Rowlatt de 1919 para bloquear las actividades nacionalistas «terroristas». Entre otras cosas, permitía la detención indefinida sin juicio.

En 1921, Gandhi se había convertido en el líder del Congreso Nacional Indio e introdujo el concepto de *satyagraha*. Su defensa de la acción no violenta puede parecer poco práctica, pero Gandhi la consideraba la única forma pragmáticamente eficaz de protestar. «Los británicos quieren ponernos en el plano de las ametralladoras, donde ellos tienen las armas y nosotros no. Nuestra única garantía de vencerlos es situar la lucha en un plano en el que nosotros tengamos las armas y ellos no» (citado en Shirer, cap. 1). La táctica de Gandhi no tenía nada de *New Age* ni de superficialidad; se daba cuenta de que los británicos solo podían imponer el *raj* mediante la cooperación de sus súbditos indios. Si los indios dejaban de cooperar, el dominio británico acabaría por desmoronarse.

Las protestas contra la Ley Rowlatt fueron especialmente fuertes en Punyab, donde el general Dyer decidió imponer la ley marcial. Prohibió todas las reuniones, pero —muy probablemente por ignorancia más que por desafío a su edicto— muchos aldeanos se reunieron en el jardín de Jallianwala Bagh, en Amritsar, para celebrar el festival sij e hindú de Vaisakhi. Se calcula que había unas 6.000 personas (pero es posible que fueran más) en un parque con solo cinco entradas a través de puertas estrechas con cerradura.

No se ordenó a la multitud que se dispersara. En su lugar, Dyer bloqueó las salidas y ordenó a sus tropas que dispararan contra el jardín. Los disparos continuaron durante diez minutos. El número de víctimas es controvertido. El *Times of India* dio una cifra de 200 muertos el día después; la Comisión Hunter creada por el gobernador general calculó 400 muertos, incluido un bebé de seis semanas; y la investigación del Congreso Nacional Indio dio una cifra de 1.000 muertos y 500 heridos.

Jallianwala Bagh supuso un punto de inflexión para muchos indios moderados, incluido Gandhi; parece ser que fue el momento en que perdió definitivamente la fe en las promesas británicas de democracia dentro del *raj*. Rabindranath Tagore, Premio Nobel de Literatura, renunció a su título de caballero británico como acto de protesta.

Peor aún, pocos días después, el general Dyer obligó a los indios de la calle Kucha Kurrichhan de Amritsar a arrastrarse sobre manos y rodillas. La «orden de arrastrarse» pretendía humillar, y lo consiguió, pero también demostró a muchos indios que los británicos nunca los tratarían como iguales. Y lo que es más indignante, el *Morning Post* británico recaudó más de 26.000 libras en beneficio de Dyer.

Los llamamientos al *swaraj*, la independencia total, continuaron. Gandhi abogaba ahora por una política de *swadeshi*, boicoteando los productos fabricados en Gran Bretaña. Comprendía claramente los fundamentos económicos del colonialismo. En 1930, encabezó la Marcha de la Sal a Dandi, una marcha de 250 millas para protestar contra la imposición británica del impuesto sobre la sal. Prometió que, cuando llegara al mar, fabricaría su propia sal, infringiendo así la ley.

Al principio, la acción fue considerada por los británicos (y algunos indios) una mera broma, pero en realidad, Gandhi había encontrado un poderoso símbolo. Cien personas iniciaron la marcha, pero miles se unieron a lo largo del camino. (El propio Gandhi la comparó con el Motín del Té de Boston).

En 1931, lord Irwin, gobernador general de la India, llegó a un acuerdo con Gandhi para celebrar una Conferencia en Londres para discutir las demandas del Congreso. Muchos miembros del Congreso, como Jawaharlal Nehru, creían que Gandhi había concedido demasiado. Sin embargo, lo que los británicos habían concedido era el principio de la independencia. Gandhi lo vio; los británicos, no.

El Congreso exigía la independencia total de India, con el control indio del ejército, la política exterior y la política económica; un tribunal imparcial que determinara la división de la deuda nacional entre India y Gran Bretaña; y el derecho de India a separarse del Imperio británico en cualquier momento.

El congreso estaba repleto de representantes elegidos por los británicos, que intentaron separar a los musulmanes, las castas inferiores e intocables y los angloíndios ofreciéndoles un estatus especial. Sin embargo, Gandhi fue un negociador duro y muy astuto. Por ejemplo, en su argumento sobre el reparto de la deuda nacional, afirmó que el gasto británico en la India había sido para fines británicos y, por tanto, no se debía exigir a la India que pagara nada de esa deuda. Finalmente, las conversaciones se abandonaron.

Durante su estancia en Gran Bretaña, Gandhi visitó a los trabajadores de las fábricas de Lancashire, que habían visto peligrar sus puestos de trabajo debido al impacto del *swadeshi* en las exportaciones textiles a la India. Admiraban su dominio del negocio del algodón, lo que no era de extrañar, ya que este era el principal negocio de Ahmedabad, donde había dirigido la primera gran huelga contra los propietarios de fábricas en la India. Más tarde, Gandhi le dijo a Shirer que su tecnología estaba atrasada; por eso no podían competir, y que la *swadeshi* no tenía nada que ver con ello (Shirer cap. 11).

A lo largo de la década de 1930, la *satyagraha* continuó. Los británicos arrestaron a los líderes del Congreso y siguieron intentando «dividir y gobernar», por ejemplo sugiriendo electorados separados para intocables y musulmanes. En 1935, la Ley del Gobierno de la India introdujo un sufragio limitado. Sin embargo, la ley no era suficiente para el Congreso. Al dar representación a los gobernantes indios de los principados y a todas las minorías el derecho a votar por candidatos de su propia comunidad, la ley pretendía garantizar que el Congreso no pudiera conseguir una mayoría absoluta. La ley también reservaba el control del ejército y el tesoro indios, garantizando que los gobernadores nombrados por el Reino Unido conservaran importantes poderes.

Cuando estalló la Segunda Guerra Mundial en 1939, Gandhi se opuso a prestar ayuda al esfuerzo bélico británico. Era una cuestión de principios: India, decía, no podía luchar en una «guerra por la democracia» mientras se le negaba su propia libertad. En 1942, Gandhi lanzó el movimiento «Quit India» para que abandonaran la India. Tenía ya más de setenta años, pero había llegado el momento, dijo, de «hacerlo o morir» (Karo ya Maro). En pocas horas, la cúpula del Congreso fue encarcelada sin juicio previo.

No obstante, dos millones y medio de indios se unieron a la fuerza británica.

Tal vez fuera un error. Los líderes del Congreso permanecieron encerrados durante la mayor parte de la guerra, lo que facilitó las concesiones de Mohammed Ali Jinnah, líder de la Liga Musulmana de la India. Si el Congreso hubiera adoptado una línea más suave, los líderes se habrían mantenido en contacto con las masas y con los británicos, y los acuerdos alcanzados en el momento de la independencia podrían haber sido muy diferentes.

En febrero de 1943, Gandhi inició un ayuno hasta la muerte. Winston Churchill, primer ministro británico y firme opositor a la independencia de la India, ordenó al virrey que lo dejara morir de hambre; solo cedió ante la presión de su gabinete. La esposa de Gandhi, Kasturba, murió cuando aún estaban internados.

El gran fracaso de Gandhi fue su incapacidad para ganarse a los musulmanes. Quería una India pluralista para musulmanes e hindúes por igual, pero los dirigentes de la Liga Musulmana apoyaban cada vez más un electorado separado y, al final, un Estado separado. Así, cuando el gobierno de Attlee concedió finalmente la independencia a la India en 1947, Pakistán (incluido lo que hoy es Bangladesh, como Pakistán Oriental) se separó de la India.

En lugar de celebrarlo, Gandhi pasó el Día de la Independencia hilando, ayunando y rezando por la paz.

Las plegarias de Gandhi no fueron escuchadas. La partición provocó una violencia a gran escala entre musulmanes e hindúes; quince millones de personas se vieron desplazadas y un millón murieron. Incluso hoy, Pakistán e India mantienen una relación muy tensa, tras haber librado cuatro guerras a gran escala y sufrido numerosas escaramuzas fronterizas.

Tampoco todos los hindúes aprobaban a Gandhi; muchos pensaban que había sido demasiado generoso con los musulmanes. Y así, sobrevivió a la independencia solo seis meses. El 30 de enero de 1948, un militante hindú, Nathuram Godse, asesinó a Gandhi cuando salía para dirigirse a una reunión de oración.

Era el fin de una era. Jawaharlal Nehru, ahora primer ministro de la India, se dirigió al país a través de All-India Radio:

> «Amigos y camaradas, la luz se ha ido de nuestras vidas, y hay oscuridad por todas partes, y no sé muy bien qué decir ni cómo decirlo. Nuestro amado líder, Bapu como lo llamábamos, el padre de la nación, ya no está. Tal vez me equivoque al decir eso; sin embargo, no volveremos a verlo, como lo hemos visto durante estos muchos años, no correremos a pedirle consejo ni buscaremos consuelo en él, y eso es un golpe terrible, no solo para mí, sino para millones y millones de personas en este país».

(Citado en Collins y Lapierre, *Freedom at Midnight*, 75.)

Capítulo 7: La República de la India

Gandhi contribuyó decisivamente a la independencia de la India y fue un símbolo de la lucha por encontrar una existencia auténticamente india para la nación. Pero no era el único que trabajaba por la independencia, y sus ideas no eran compartidas por todos sus colegas. Y, por supuesto, la idea de la independencia empezó mucho antes del nacimiento de Gandhi, de hecho, en la rebelión de 1857.

La rebelión de 1857 no comenzó como una demanda de independencia, sino como un motín local. Sin embargo, a medida que se desarrollaba, se convirtió en una revuelta nacional. Para muchos independentistas, fue un momento histórico decisivo que demostró que India era capaz de luchar por sus derechos. El siglo XIX fue un periodo de creciente conciencia política para los indios, que culminó con la fundación del Congreso Nacional Indio en 1885.

El Congreso Nacional Indio surgió de una idea de un británico, el funcionario jubilado y ornitólogo Allan Octavian Hume. Creía que el dominio británico había fracasado debido a su desprecio por los indios y pretendía crear un vehículo a través del cual los indios pudieran expresar su deseo de progreso. Al principio, la mayoría de los miembros del Congreso estaban formados por la élite educada en Occidente — abogados, periodistas y profesores— y la actividad política del Congreso se limitaba a presentar al gobierno indio resoluciones sobre derechos civiles, que parece que no merecieron la pena en su mayoría. Aun así, el

Congreso dio a los indios una voz política comunal y les dio esa voz como indios, independientemente de su religión, clase, casta o lugar de residencia.

El progreso nunca es sencillo, y lord Curzon, nombrado virrey de la India en 1899, supuso un gran obstáculo. Curzon, nombrado virrey de la India en 1899, simpatizaba con la cultura y el pueblo indios; había viajado por Asia y Oriente Medio, lo que le permitió conocer las sociedades y culturas no europeas, algo poco habitual en un virrey. Restauró el Taj Mahal y la tumba del emperador Akbar en Sikandra; también determinó que los delitos cometidos por británicos contra indios debían castigarse con mayor severidad. (Antes existía un doble rasero legal que castigaba con más severidad a los indios que a los británicos por delitos contra miembros de la otra raza). Curzon veía la importancia de la India para el poder económico y político británico, y pretendía vincular aún más el *raj* al Reino Unido.

Así pues, resulta irónico que Curzon fuera responsable de un acto que dio un nuevo impulso al deseo de independencia y también empezó a abrir una brecha entre los movimientos independentistas musulmán e hindú. Su partición de Bengala en 1905 fue una de las peores cosas que pudo haber hecho.

Bengala era, con diferencia, la provincia más grande de la India. Incluía los actuales estados de Bihar, partes de Orissa y Assam, así como lo que hoy es Bangladesh; administrar un estado tan grande era una tarea difícil. La intención de Curzon era simplemente reducir las tareas de administración a una escala que fuera más fácil de manejar, pero parece que no comprendió realmente la sensibilidad política de su decisión.

Al dividir el Estado en Bengala Oriental y Occidental, también lo estaba dividiendo en un Estado de mayoría musulmana y otro de mayoría hindú, respectivamente. Esto reflejaba la táctica de «divide y vencerás» del *raj*, aunque no fuera ésa su intención. Además, reducía a los bengalíes hindúes a una minoría dentro de Bengala Occidental, que tenían que compartir con los hablantes de oriya y maithili. Muchos bengalíes hindúes —sobre todo las clases medias de Calcuta educadas en Inglaterra— vieron en ello un ataque a su influencia.

La partición de Bengala desencadenó inmediatamente una reacción nacionalista. En 1911 quedó sin efecto; Bihar y Orissa se convirtieron en una nueva provincia, y Bengala se reunificó. Sin embargo, el daño de

Curzon no pudo deshacerse. Los musulmanes de Bengala Oriental, que habían tenido su propia provincia durante seis años, se sentían ahora defraudados, y este resentimiento llevó a muchos musulmanes hacia la idea de unas elecciones separadas para salvaguardar sus derechos. Aunque el Congreso defendía la idea de una India laica y de múltiples religiones, cada vez se lo consideraba más un partido hindú, y la Liga Musulmana de toda la India, creada en Dhaka en 1906, se hizo cada vez más poderosa.

El Congreso era en gran medida un partido moderado, partidario del cambio dentro de las instituciones británicas. Sin embargo, un ala menos moderada del partido compartía las opiniones del congresista Bal Gangadhar Tilak: «*Swaraj* [independencia] es mi derecho de nacimiento y lo tendré». El Congreso acabó expulsando a Tilak, pero sus opiniones sobre el uso del boicot para perjudicar el dominio británico influyeron en Gandhi y en muchos otros; fuera del Congreso, su mensaje encontró otros oyentes.

Aunque el lugar de Gandhi como héroe hace pensar que el nacionalismo indio era en general pacifista, había muchos indios que no estaban de acuerdo. Revolucionarios como Khudiram Bose cometieron varios atentados contra oficiales británicos en Bengala; la organización paramilitar Jugantar, asociada al Partido Comunista, llevó a cabo varios atentados con bomba e incluso intentó asesinar al virrey durante una procesión ceremonial en 1912 (consiguiendo matar a su *mahout*, mientras el virrey y su esposa escapaban).

Como ya se ha mencionado, el deseo de independencia no impidió que India apoyara a Gran Bretaña en la Primera Guerra Mundial. Más de un millón de indios sirvieron en el esfuerzo bélico; sijs y pastunes lucharon en el norte de Francia. Sin embargo, una vez terminada la guerra, las medidas británicas de reparto limitado del poder local dejaron insatisfechos a los indios. Muchos de ellos creían que, como recompensa por su ayuda en la guerra, recibirían un avance significativo hacia la independencia, y el hecho de que se les otorgaran representantes cuyas decisiones podían ser anuladas por el virrey no constituía, en su opinión, una verdadera democracia o independencia.

Así, en 1920, en un ambiente de descontento generalizado, Gandhi inició el movimiento de no cooperación. También fue bajo su influencia que el Congreso pasó de ser un club político de élite a un movimiento de masas. Gandhi fue el visionario, pero contó con la ayuda de un creador de la independencia relativamente poco conocido, Vallabhbhai Patel, su «arreglador». Patel era el único de los principales protagonistas que había surgido de la masa del pueblo; había trabajado en las fábricas textiles de Ahmedabad para pagarse los estudios y luego se tituló como abogado. Abandonó su exitoso bufete para apoyar a Gandhi en la lucha contra los impuestos exorbitantes en Kheda, afectada por las inundaciones, y continuó apoyando los objetivos políticos de Gandhi desde entonces. Patel era un gran organizador, recaudaba fondos y atraía a la gente al partido; tras la independencia, creó el Servicio Civil Indio.

Jawaharlal Nehru, abogado educado en Cambridge, era más occidentalizado que Gandhi. Se convirtió en el líder de una facción progresista del Congreso en la década de 1920 y no siempre estaba de acuerdo con Gandhi; en particular, pensaba que India debería haber apoyado el esfuerzo bélico de los Aliados en 1939. A pesar de estos desacuerdos, Gandhi veía a Nehru como su sucesor político, y fue Nehru quien se convirtió en el primer ministro de India. Como primer ministro, promovió la ciencia y la tecnología, poniendo a India en la senda que sigue hoy como potencia tecnológica regional. Su discurso en el Congreso la víspera del Día de la Independencia muestra el fervor y el optimismo de la época:

> «Hace muchos años nos comprometimos con el destino, y ahora llega el momento de cumplir nuestra promesa, no totalmente ni en su totalidad, pero sí en gran medida. Al filo de la medianoche, cuando el mundo duerme, la India despertará a la vida y a la libertad. Llega un momento, que rara vez se da en la historia, en el que pasamos de lo viejo a lo nuevo, en el que termina una era y en el que el alma de una nación reprimida durante tanto tiempo encuentra su expresión».

Quizá la figura más ambigua de la lucha por la independencia sea Subhas Chandra Bose, o Netaji («líder honrado»). Bose fue el sucesor de Nehru al frente del Congreso en 1938, pero no simpatizaba plenamente con los ideales de no violencia de Gandhi y dimitió, abandonando el partido. Posteriormente, intentó conseguir el apoyo de la Alemania nazi para una Legión de la India Libre y luego se unió a los japoneses, creando el Ejército Nacional Indio (INA). Murió al estrellarse su avión en Taiwán en 1945; su ejército ya había sido aniquilado.

Las opiniones sobre Bose difieren. Algunos nacionalistas hindúes han intentado reivindicarlo como héroe; otros indios se sienten avergonzados por lo que consideran su traición a los ideales del Congreso.

Muhammad Ali Jinnah, otro abogado formado en Londres, fue durante mucho tiempo el líder de la Liga Musulmana de toda la India. También fue miembro del Congreso hasta 1920, cuando dimitió porque no podía apoyar la campaña de la *satyagraha*. Como individuo totalmente occidentalizado, también desconfiaba de las «modas hindúes» de Gandhi y de su apelación a las masas, pues creía que la élite educada debía guiar a la India hacia la independencia.

Poco a poco, Jinnah llegó a creer que los musulmanes de la India necesitaban su propio Estado para no quedar marginados en una nación hindú. También empezó a redescubrir sus raíces musulmanas; es posible que la ruptura de su matrimonio lo hiciera más introspectivo y quizás lo orientara hacia una nueva identidad musulmana. Al haber creado la partición del país, naturalmente, él no es celebrado en la India moderna, pero se lo considera el padre del Pakistán moderno, del que fue el primer gobernador general. Al igual que Gandhi, no disfrutó de la independencia durante mucho tiempo, pues murió apenas un año después de conducir a su país a la independencia.

Winston Churchill siempre se había opuesto a la independencia india, pero la elección de Clement Attlee como primer ministro británico en 1945 abrió el camino al *swaraj*. Junto con el nuevo virrey, el almirante lord Louis Mountbatten, tardó dos años en negociar las disposiciones detalladas de la independencia india. Sin embargo, la partición del país en una India mayoritariamente hindú y un Pakistán mayoritariamente musulmán formaba parte del acuerdo. Gandhi se mantuvo fiel a su opinión de que India debía ser un Estado único, pluralista y laico, pero Nehru y Patel no estaban de acuerdo. En agosto de 1947 se crearon dos países separados. (Pakistán se creó en la medianoche del 14 e India el 15).

A lo largo de la historia de la Compañía y el *raj*, los británicos habían empleado tácticas de «divide y vencerás», que ya habían provocado brotes esporádicos de violencia entre hindúes y musulmanes. Las normas de pureza hindúes también crearon una barrera entre las comunidades; en algunos pueblos, se habilitaron pozos separados para cada religión, ya que los hindúes de casta alta ni siquiera bebían de la misma agua que los musulmanes. La partición se convirtió en un baño de sangre, lo que aumentó la percepción de que los hindúes solo estaban seguros con otros hindúes y los musulmanes con otros musulmanes.

En el momento de la independencia había 565 estados principescos reconocidos oficialmente, y se les dio la opción de elegir a qué país se unían. Durante mucho tiempo, los rajás y los maharajás mantuvieron sus pagos y sus lujosos estilos de vida. El nizam de Hyderabad, sin embargo, se negó a unirse a Pakistán o a India; era una situación delicada, ya que era un gobernante musulmán de un estado de mayoría hindú, que ya se enfrentaba a la rebelión de Telangana, liderada por los comunistas. En 1948, India invadió el país en la «Operación Polo», una huelga de cinco días que provocó la dimisión del Nizam y la integración de Hyderabad en India. Siguió otra adhesión con la integración del reino de Sikkim en 1975.

Las familias principescas siguieron llevando una vida acomodada, pero con escaso poder político, hasta que en 1971 la 26ª Enmienda de la Constitución les retiró su reconocimiento y privilegios. (Estados Unidos ha tenido 27 enmiendas en más de 200 años; India ya ha tenido 105 enmiendas desde la independencia).

A partir de la independencia, las fortunas de Pakistán e India empezaron a divergir. Pakistán siguió siendo un dominio del Imperio británico hasta 1956, cuando recibió una nueva constitución como república islámica, reconociendo explícitamente en su ley el dominio de Alá sobre el universo. La guerra con India en 1965 inició un declive económico, y las primeras elecciones democráticas de 1970 no trajeron la democracia, sino que desembocaron en la guerra con Bangladesh (Pakistán Oriental) cuando la Liga Awami (un movimiento bengalí laico) ganó las elecciones en el este.

En 1971, el presidente Yahya Khan lanzó la Operación Searchlight. Se detuvo a todos los líderes políticos y estudiantiles de Pakistán Oriental y se cortaron las comunicaciones. Había asumido que la oposición se desmoronaría en una semana. A continuación se produjo un genocidio, en el que murieron entre 300.000 y tres millones de bangladeshíes y diez millones huyeron a India. Al final, fue la intervención de India al lado de los independentistas lo que propició la independencia de Bangladesh.

De 1972 a 1977, Zulfikar Ali Bhutto, educado en Oxford, llevó al Partido Popular de Pakistán al poder con una plataforma socialista. Es una figura ambigua, laica e internacionalista, pero también un violador de los derechos humanos (reprimió violentamente movimientos separatistas) y un populista. Alió a Pakistán con China, nacionalizó todas las industrias y llevó a cabo reformas agrarias que limitaron el poder de los terratenientes ricos. También estableció el programa pakistaní de armas nucleares. Pero no logró crear instituciones democráticas sólidas, y en 1977 fue depuesto y encarcelado por el hombre que él mismo había puesto al mando del ejército, Zia ul-Haq.

Pakistán vivió más de una década de gobierno militar, junto con el crecimiento del conservadurismo islámico. Tras la muerte de Zia en 1988, Benazir Bhutto, hija de Zulfikar Ali Bhutto, fue elegida primera ministra por el Partido Popular. La principal oposición fue la coalición de centro-derecha de Nawaz Sharif, que acabó ganando el poder, pero luego fue depuesto en un golpe militar por el general Pervez Musharraf. Tras su dimisión en 2008, Pakistán volvió a la democracia (aunque sin Benazir Bhutto, asesinada en 2007). Sin embargo, la toma del poder por los talibanes en Afganistán aumentó el terrorismo fundamentalista en el país, y la corrupción de Nawaz Sharif (destapada en los Papeles de Panamá) ha desestabilizado el país. Tras una moción de censura contra el ex jugador de críquet Imran Khan, Shehbaz Sharif, un rico hombre de negocios y hermano de Nawaz Sharif, se convirtió en primer ministro.

Mientras tanto, en India hubo más estabilidad, con el Congreso gobernando el país hasta 1977, pasando gradualmente del socialismo ortodoxo a una perspectiva neoliberal más mixta bajo el mandato del primer ministro Manmohan Singh (2004-2014), que llevó a cabo la liberalización económica e inició una década de alto crecimiento.

Nehru dirigió India durante trece años, hasta su muerte en 1964, con el Congreso ganando de forma aplastante en cada elección. Invirtió en la industria pesada, recibiendo inversiones tanto de Occidente como del bloque comunista gracias a su política de no alineamiento. Lal Bahadur Shastri, el siguiente primer ministro, mantuvo la mayoría de las políticas y el gabinete de Nehru y nombró ministra a Indira Gandhi, la hija de Nehru, que le sucedió tras su repentina muerte en 1966.

Indira Gandhi dominaría la mayor parte de los siguientes veinte años de la política india, ocupando el cargo de primera ministra —aparte de tres años en la oposición contra el Partido Janata— hasta su asesinato en 1984. Se centró en la erradicación de la pobreza, sobre todo a través de la Revolución Verde, que permitió a India alcanzar su objetivo de seguridad alimentaria. También nacionalizó los bancos, las compañías de seguros y las industrias del algodón, el acero, el carbón y el textil.

Indira Gandhi en 1989
https://commons.wikimedia.org/wiki/File:Prime_Minister_Indira_Gandhi_in_the_US.jpg

Aunque la Sra. Gandhi instauró el estado de emergencia de 1975 a 1977, durante el cual gobernó de hecho por decreto, se mantuvo fiel a los principios de gobierno democrático de su padre y convocó elecciones en 1977, que perdió frente al Partido Janata. (En 1979, el gobierno del Janata empezó a desmoronarse, y Gandhi recuperó el poder en 1980). También hizo del inglés la lengua oficial de facto, negándose a hacer obligatorio el hindi, lo que le granjeó un fuerte apoyo en el sur y demostró una verdadera visión panindia.

Sin embargo, esta visión no fue compartida por el partido Akali Dal, liderado por los sijs, que llegó al poder en el estado de Punyab. La militancia creció, utilizando como base los alrededores del templo Dorado de Amritsar y, en 1983, el general Atwal, de la policía de Punyab, fue asesinado a tiros cuando salía del templo. En junio de 1984, la Sra. Gandhi ordenó la Operación Estrella Azul para expulsar a los militantes del recinto del templo. Logró su objetivo, pero a costa de la muerte de muchos peregrinos inocentes y de grandes daños en el templo. Ese mismo año, dos de sus guardaespaldas sijs la asesinaron en represalia.

A Indira Gandhi le sucedió su hijo, Rajiv Gandhi; este, a su vez, fue asesinado en 1991 y, tras un revés en la suerte del partido, su viuda Sonia (italiana de nacimiento) asumió el liderazgo del Congreso en 1998. Ganó las elecciones generales de 2004 y fue elegida para liderar la Alianza Progresista Unida, pero eligió a Manmohan Singh como primer ministro en lugar de asumir ella el cargo. Permaneció en el cargo hasta 2014 y fue el primer ministro sij. Ya había sido ministro de Economía en la década de 1990, desregulando el «License Raj» y reduciendo el control estatal de la economía. La economía respondió bien a su intervención; bajo su mandato, el PIB creció hasta un 9% anual.

Singh también introdujo la Misión Nacional de Salud Rural de 2005, que lleva la sanidad descentralizada a las zonas rurales con más de medio millón de trabajadores sanitarios locales, y la Ley del Derecho a la Educación de 2009, que hace la educación gratuita y obligatoria para todos los niños de 6 a 14 años.

Más recientemente, el Congreso parece haber perdido su atractivo electoral; Narendra Modi, del Partido Bharatiya Janata, es primer ministro desde 2014, al frente de un gobierno nacionalista hindú que venció a un Congreso que se consideraba corrupto y anticuado. Se apoyó en gran medida en su reputación como primer ministro de Guyarat, considerado un ministro que trajo crecimiento económico y desarrollo de infraestructuras a su estado. Sin embargo, su partido se ha alejado del laicismo y se ha vuelto más autoritario, aunque la economía india ha seguido creciendo con fuerza.

Un nuevo partido llegó en 2012 con la fundación del partido Aam Aadmi u «hombre común» por el activista anticorrupción Arvind Kejriwal. El partido ganó las elecciones de la ciudad de Delhi —Kejriwal sigue siendo ministro en jefe de Delhi— y ahora está ampliamente representado en Punyab. También ha empezado a ganar escaños en Guyarat y Goa, pero a nivel nacional aún no ha logrado un gran impacto.

Capítulo 8: Cultura india

La vida india actual es una extraña mezcla de modernidad y tradición. Se puede salir de un destartalado puesto hecho a base de costales de plástico y bambú, que vende cebollas, y en un minuto estar dentro de un luminoso y moderno centro comercial lleno de tiendas de teléfonos celulares. Se puede estar a veinte minutos de un campus tecnológico donde IBM y Microsoft tienen oficinas y ver cómo una vaca dormida en medio de la calle paraliza el tráfico. O puede tomar el metro de Delhi, con aire acondicionado, hasta un fuerte medieval en ruinas donde unos niños juegan al críquet en la tierra.

Sin embargo, la historia de la India ha dejado su huella en la cultura india. Por ejemplo, la idea de la renuncia sigue vigente; la gente sigue dejando sus trabajos y su vida normal para convertirse en monjes, ermitaños o ascetas. La mayoría de las casas tienen una sala de santuarios o, al menos, un rincón donde hay pegada en la pared una imagen de un dios o de la Kaaba de La Meca. Y aún se le pedirá que se quite los zapatos al visitar un templo o una casa.

Vida familiar, educación y deportes

Los matrimonios siguen siendo a menudo concertados, y en la «temporada de bodas» (de noviembre a febrero), es frecuente ver una cabalgata de novios tradicional, a menudo acompañada por un equipo de sonido algo menos tradicional. Las clases medias urbanas se están alejando de los matrimonios concertados, y algunos periódicos hacen descuentos en los anuncios clasificados para quienes buscan pareja sin hacer distinciones de casta. (Sin embargo, aún es frecuente encontrar anuncios que buscan parejas de «piel clara»; esto es una verdadera marca de estatus en la India, y las lociones para aclarar la piel siguen vendiéndose mucho entre las chicas que buscan mejorar su aspecto).

Pero obtener la aprobación de la familia política sigue siendo crucial para las novias, ya que a menudo se mudan a la casa de la familia de su marido. A menudo conviven varias generaciones, y existe un verdadero respeto por los ancianos, que reciben los cuidados que necesitan de sus hijos y nietos.

Las mujeres indias siguen luchando contra el patriarcado. Algunas diferenciaciones de género occidentales no existen; por ejemplo, muchas mujeres se hacen ingenieras, y también se encuentran en cuadrillas de construcción de carreteras. Aunque muchos casos sonados de violación han puesto de manifiesto la enorme tensión que existe en las relaciones entre hombres y mujeres en India (sobre todo porque muchos jóvenes no pueden permitirse casarse), las cosas están cambiando. Muchas familias de profesionales se conforman ahora con dos hijas en lugar de intentar tener un hijo. Las leyes de la época colonial que penalizaban la homosexualidad también han sido impugnadas exitosamente ante el Tribunal Supremo, y los *hijras* (transexuales masculinos) fueron reconocidos oficialmente como un tercer género en 2014.

Los indios sienten un gran respeto por la educación, y una de las influencias que quedan del *raj* es el uniforme escolar que aún visten muchos alumnos indios. No es raro ver fotos de graduación incluso en los hogares más pobres, ya que a menudo los padres viven frugalmente para garantizar una buena educación a sus hijos, tanto varones como mujeres. Sin embargo, el nivel educativo varía mucho de un lugar a otro en el país. Mientras que en Kerala la alfabetización es casi universal, Bihar, Arunachal Pradesh y Rajastán solo alcanzan el 67-69%, y la alfabetización femenina apenas supera el 50%.

La indumentaria india es variada. Los trabajadores de clase media suelen vestir atuendos de negocios occidentales, pero las mujeres suelen llevar saris o un traje *salwar* (túnica y polainas con un pañuelo o chal a juego). En las zonas rurales, la vestimenta local y tribal suele ser habitual. Los hombres musulmanes pueden llevar ropa occidental o una kurta (camisa blanca larga) con pantalones.

Sin embargo, los ritos religiosos a veces tienen requisitos particulares. Algunos templos exigen que los hombres lleven un dhoti (un taparrabos como el que llevaba Gandhi), y otros no admiten a hombres que lleven ropa en el torso: deben ir con el torso desnudo.

La India se ha vengado de Gran Bretaña adoptando el cricket y ganando con frecuencia a los ingleses en su propio juego. Los niños indios juegan en cualquier sitio donde encuentren un terreno llano, un palo y una piedra que les sirvan de bate y de pelota. La Liga Premier india es ahora la liga de críquet más concurrida del mundo y un negocio multimillonario; incluso se retransmite en directo por YouTube.

Después del críquet está el *kabaddi*, un deporte tradicional parecido al juego de la mancha en el que un «asaltante» de un equipo trata de marcar al mayor número posible de los siete miembros del otro equipo sin ser placado. Hasta la fecha, India ha ganado todas las ediciones de la Copa Mundial de Kabaddi, con Irán como subcampeón.

Arte indio

La India posee un rico patrimonio artístico. Desde los templos excavados en la roca de Ellora y Mahabalipuram hasta la perfección del Taj Mahal, su arquitectura es fascinante; ni siquiera el *raj* británico pudo resistirse a los estilos indios, creando lo que se conoce como escuela indo-sarracénica para edificios públicos como la terminal ferroviaria CST de Bombay, el hotel Taj Mahal y la estación ferroviaria de Howrah, en Kolkata.

Las imágenes de los dioses aparecen a menudo en el arte indio, tanto en forma de estatuas de culto (*murti*) como de figuras en pinturas narrativas o miniaturas. Por ejemplo, el palacio de Bundi, en Rajastán, contiene habitaciones cubiertas de pinturas de la vida de Krishna; también es un tema favorito de los pintores de miniaturas de Rajput. Aunque la corte mogol era musulmana, lo que excluía las representaciones de deidades, se fomentaba la pintura de retratos y narraciones históricas. Los retratos eran a menudo muy atentos e individuales, incluidos los de los santones hindúes, así como los de los emperadores y sus sirvientes.

Más recientemente, en la India se han redescubierto tradiciones artísticas aldeanas y tribales, como la pintura de Madhubani. Originalmente utilizada para decorar las paredes de las casas, esta pintura se ha adaptado ahora al papel. Los fuertes dibujos en tinta negra rodean colores vivos, con motivos tradicionales como peces, el árbol de la vida y las historias de Krishna y Radha.

La India también posee una rica tradición de artes decorativas, como la joyería y el textil. Muchos de ellos son muy locales, como el teñido

Bandhani de Guyarat y el bordado geométrico Phulkari del Punyab. Varanasi sigue teniendo una industria de tejidos de seda, al igual que Chanderi, donde el príncipe local creó un taller mixto de tejidos de algodón y seda para crear empleo.

Aunque algunos artistas se limitan a producir obras de estilo tradicional para el turismo, también se crea arte contemporáneo de calidad. El pintor M. F. Husain creó un arte de colores intensos e influencia cubista, con temas tan diversos como el folclore, los cuentos religiosos, la madre Teresa y el rajá. Aunque musulmán de nacimiento, también pintó dioses hindúes, y acabó autoexiliándose después de que su cuadro de la *Madre India* desnuda lo enzarzara en una guerra cultural con los derechistas hindúes.

En la escena artística mundial destaca Anish Kapoor, artista de ascendencia judía de Bombay e hindú, que ahora tiene doble nacionalidad británica e india. Las exploraciones de Kapoor de la materia y el vacío se han inspirado a menudo en el simbolismo hindú. Por ejemplo, utiliza agujeros perforados en la piedra y rellenados con pigmentos vivos para crear formas que evocan los santuarios hindúes y el color rojo sagrado (por ejemplo, la cera roja de su Svayambh, que evoca la sangre, el sacrificio o la transfiguración).

La música india ha ganado muchos admiradores en Occidente; el citarista Ravi Shankar tocó tanto con el violinista Yehudi Menuhin como con el compositor Philip Glass, y George Harrison, de los Beatles, también se vio profundamente influido por la forma de tocar de Shankar. La música clásica india se basa en la idea del *tala*, una estructura rítmica cíclica unida al *raga*, un marco melódico. El *raga* no es solo una escala, como en la música occidental, sino que incluye ciertos motivos y evoca sentimientos específicos. Hay *ragas* matutinos, vespertinos y nocturnos; mientras que algunos son serios y tristes, otros son desenfadados o alegres.

Los *bhajans* se cantan con frecuencia en los templos, y los musulmanes indios han desarrollado una tradición similar de cantos sagrados llamada *qawwali*, de la que el cantante pakistaní Nusrat Fateh Ali Khan fue el intérprete más conocido.

En la India moderna, sin embargo, no son los cantantes clásicos o religiosos los más conocidos, sino los «cantantes de playback» que cantan los números musicales para los actores en las películas de Bollywood. Aunque no aparezcan en la pantalla, se los sigue celebrando y a veces dan conciertos por su cuenta. Asha Bhosle y Lata Mangeshkar fueron las dos cantantes de playback más célebres.

El cine indio ha visto algunos grandes autores de cine de arte y ensayo, como Satyajit Ray, pero su producto más conocido es Bollywood (palabra compuesta de Bombay + Hollywood). Las películas de Bollywood suelen incluir muchas canciones y bailes, un interés amoroso y un villano estereotipado con bigote. Actores como Amitabh Bachchan (que también ha trabajado como cantante de playback) figuran entre las celebridades más ricas y conocidas de la India. (Bachchan también fue diputado del Congreso por Allahabad durante una legislatura, obteniendo una mayoría aplastante en las elecciones).

La India también cuenta no solo con uno, sino con dos «Tollywoods» —el cine Télegu en el sur y la industria cinematográfica Bengalí con sede en Tollygunge, Calcuta—, así como con un próspero cine en lengua tamil con sede en Chennai. Este último creó quizá una de las películas más extrañas jamás rodadas, Guruvayur Keshavan (1977), la biografía de un famoso elefante de templo. (El paso de Amitabh Bachchan por la política fue algo excepcional. Pero la actriz de cine de los años 60 Jayaram Jayalalithaa llegó a ser ministra en jefe de Tamil Nadu, acumulando seis mandatos en el cargo).

Comida y festivales

«La comida india es picante», dice la gente. Y es cierto, pero el tipo de picante y el método de cocción varían de una parte a otra del subcontinente.

Por ejemplo, la comida gujarati suele ser vegetariana y bastante dulce, con la adición de un poco de *jaggery* (azúcar de palma) a la mayoría de los platos. En Bengala, la mostaza está en el centro de la mayoría de los platos, junto con el chile verde; se suele comer carne, a menudo marinada en yogur y especias antes de cocinarla. La cocina de Goa mezcla influencias portuguesas e indias, con vinagre para dar más picante a los platos de carne y el uso frecuente de cerdo.

Aunque para muchas familias el arroz con *dal* (lentejas) es un plato estándar, la cocina india puede ser muy lujosa. Por ejemplo, la cocina de la corte mogol dejó sus huellas en la tradición de Lucknow, con kebabs, guisos de carne, panes esponjosos y platos de pollo guisado con una fina mezcla de especias. En el extremo opuesto del espectro, la comida callejera india incluye el *panipuri*, una bola de hojaldre rellena de alubias ácidas y patatas —o endiabladamente llena de salsa picante de chile—, y el *bhel puri*, arroz inflado con chutney de tamarindo, fideos fritos («Bombay mix»), cebollas y tomates picados y hojas de cilantro.

Los festivales indios son siempre acontecimientos sobrecogedores. Holi celebra la llegada de la primavera y es, literalmente, el festival de los colores, en el que se corre el riesgo de ser rociado con tintes o polvos de colores brillantes. La mayoría de la gente «juega a Holi» con sus amigos y familiares y no da cuartel. Diwali, la fiesta de las luces, se celebra al otro extremo del año, a principios de otoño; incluye fuegos artificiales, regalos y mucha repostería.

Muchas localidades tienen sus propias fiestas. El rito musulmán chií de Muharram se celebra en Lucknow con procesiones de santuarios portátiles conocidos como *tazias*, mientras que en Calcuta, Durga Puja rinde culto a la diosa Durga, asesina de demonios, con santuarios portátiles erigidos a la diosa por toda la ciudad. (Al final del festival, se llevan en procesión al río y se sumergen).

También se celebra la Navidad, sobre todo en las comunidades cristianas de Kerala y Tamil Nadu, que cuelgan estrellas de papel iluminadas en el exterior de sus casas.

Algo que acompaña a todas las fiestas indias es el ruido. Los fuegos artificiales son uno de los favoritos, pero también se oyen bandas de música, tambores y cánticos, así como música amplificada. De hecho, el ruido es una faceta de la vida india que está siempre presente. El Código de Circulación de la India no establece que los conductores deban tocar el claxon cada cinco segundos, ¡pero así parece!

Capítulo 9: Indios influyentes en la historia

La historia está llena de indios influyentes e increíbles. Akbar, por ejemplo, es un personaje asombroso: un analfabeto que apoyaba la erudición, un turco musulmán que abrió su corte a todas las razas y religiones, y un aficionado a los deportes extremos que participaba en peleas de elefantes por diversión. En este capítulo hablaremos de algunos indios influyentes de los que quizá no haya oído hablar.

La madre Teresa era un tipo diferente de persona asombrosa. De hecho, no era india de nacimiento, sino albanesa (aunque adoptó la nacionalidad india). Hizo el noviciado en Darjeeling y enseñó en el convento de Loreto, en Calcuta, hasta que sintió la llamada a hacer algo más. Abandonó su orden y fundó las Misioneras de la Caridad en 1946. Adaptó el sari indio como vestido de la orden, que gestionaba comedores de beneficencia, hogares para leprosos y hospicios para enfermos de tuberculosis y, más tarde, de sida. La orden también gestionaba clínicas infantiles, escuelas y orfanatos.

No todos los indios aprueban a la madre Teresa. Algunos creen que motivó lo que se ha llamado «porno de la pobreza», una visión de la India como una sociedad atrasada e indiferente; otros creen que impuso valores cristianos que eran inapropiados en una cultura hindú y una nación laica. Sin embargo, la Iglesia católica no duda de su contribución: fue canonizada en 2016.

Un héroe muy diferente fue el revolucionario indio Bhagat Singh. Formó parte de un creciente movimiento militante en la década de 1930, escribiendo a menudo para periódicos urdu y panyabí y para la revista del Partido de Trabajadores y Campesinos. Fue miembro destacado de la Asociación Republicana Hindú (HRA). Cuando Lala Lajpat Rai, miembro destacado del Congreso y del movimiento independentista, murió en una embestida policial contra manifestantes en Lahore, la HRA juró vengar su muerte.

Singh conspiró con otras personas para matar al superintendente de policía de los punyabíes, James Scott. Por desgracia, se equivocó de objetivo y mató a un agente de menor rango, John Saunders. A pesar de una persecución policial y una operación de búsqueda masiva, todos los conspiradores escaparon de Lahore. Singh se cortó el pelo (largo, al estilo sij, aunque era ateo) y cambió el turbante por un sombrero de fieltro.

Singh participó más tarde en el atentado contra la Asamblea de Delhi y —junto con su cómplice Batukeshwar Dutt— fue detenido, juzgado y condenado a cadena perpetua. Más tarde, la policía descubrió dos fábricas de bombas instaladas por el HRA y detuvo a varios miembros del partido. Se dieron cuenta de que Singh estaba implicado no solo en el atentado de Delhi, sino también en el asesinato de Saunders. Dos de sus cómplices en el plan de asesinato lo delataron, lo que hizo que el caso contra él fuera irrefutable.

Mientras esperaba el juicio, Singh encabezó una huelga de hambre de presos indios que reclamaban ser tratados como presos políticos. Tanto Nehru como Jinnah simpatizaron con la causa de Singh. Singh estaba tan débil que, cuando llegó el juicio, tuvieron que llevarlo a la sala en camilla.

Singh fue condenado a muerte junto con dos de sus compañeros, a pesar de las numerosas peticiones de clemencia. Sigue siendo una figura emblemática para muchos indios. La Oficina de Correos india incluso le dedicó un sello en 1968, con su característico sombrero.

Gurú Nanak fue el fundador de la religión sij y el primero de sus diez gurús (nueve de los cuales eran seres humanos). El Granth Sahib, las escrituras recopiladas, se considera el décimo gurú. Fue un gran viajero, aunque algunas de las historias de sus viajes pueden haber sido exageradas posteriormente. Llegó hasta Ladakh, en el Himalaya, donde dejó un bastón clavado en el suelo; ahora es un árbol venerable, el

Datun Sahib.

Su enseñanza de un solo dios (Ik Onkar) refleja tanto el monoteísmo del islam como la idea del movimiento Bhakti de que todo el mundo puede tener una experiencia directa de Dios sin rituales ni sacerdotes. Hay una historia bastante bonita que cuenta que, cuando murió, tanto los hindúes como los musulmanes querían reclamar su cuerpo como reliquia. Pero, cuando tiraron de la sábana en la que había sido amortajado, resultó estar llena de flores frescas.

Sus ideas se expresan de forma muy sencilla: «Vand shhako, kirat karo, naam japo», que significa compartir, trabajar honradamente y decir el nombre de Dios. Sea cual sea el *gurdwara* (templo sij) que visite y sean cuales sean sus creencias, será bienvenido a compartir la comida comunal (*langur*), un ejemplo práctico de «compartir» y servicio social sij.

B.R. Ambedkar fue uno de los padres fundadores de la República de la India, a menudo ignorado por los libros de historia. A diferencia de la mayoría de los demás hombres que participaron en el movimiento independentista, Ambedkar no era ante todo un abogado, sino un economista formado en Columbia y en la London School of Economics. (También tenía formación jurídica).

Nació en la casta de los *dalits* (intocables) y fue el primero de su casta en ir al Elphinstone College de Bombay. Fue presidente del comité de redacción de la Constitución india y se aseguró de que fuera progresista: libertades civiles, derechos para las mujeres y reserva de puestos de trabajo para las castas y tribus desfavorecidas, el equivalente a la discriminación positiva. También abogó por un electorado *dalit* separado, lo que supuso su enfrentamiento con Gandhi.

B.R. Ambedkar
https://commons.wikimedia.org/wiki/File:Dr._Bhimrao_Ambedkar.jpg

Ambedkar dirigió movimientos de *satyagraha* para conseguir derechos para los *dalits*. En Mahad, luchó por el derecho de los *dalits* a sacar agua del depósito comunal y, en el templo de Kalaram, en Nashik, para que se permitiera a los *dalits* entrar en el templo. A lo largo de su carrera, sufrió prejuicios a causa de su casta. En la escuela no le dejaban tocar la jarra de agua, y cuando se convirtió en profesor en Mumbai, sus alumnos no compartían el agua potable con él. Su cruzada fue muy personal.

Finalmente, se convirtió al budismo junto con casi medio millón de seguidores. Su forma de budismo, llamada Navayana, es una forma de budismo políticamente comprometida que rechaza la metafísica y el misticismo en favor de la búsqueda de la justicia social.

A menudo se deja de lado a las mujeres en la historia de la India, en parte porque las mujeres de clase alta, tanto entre los rajput como entre los mogoles, vivían en la intimidad. A las esposas del emperador mogol se las llamaba a menudo con nombres honoríficos de la corte o por su lugar de nacimiento, y era una forma de elogio decir que nadie conocía sus verdaderos nombres. Sin embargo, las mujeres se han negado muy a menudo a conformarse con estas expectativas.

Velu Nachiyar (1730-1796) era una princesa de Ramanathapuram que, como hija única, fue educada en el combate y el tiro con arco, así como en el aprendizaje de los libros. Se casó con el rey de Sivaganga, pero en 1780 este murió en una batalla contra la Compañía de las Indias Orientales.

Velu acudió a Haidar Ali de Mysore para pedirle ayuda y consiguió 5.000 soldados y artillería pesada. Se dedicó a hacer campaña contra la Compañía —la primera reina india que lo hacía— y recuperó su reino, que gobernó durante diez años antes de renunciar en favor de su hija Vellachi. Los tamiles la conocen como «Veeramangai», la mujer valiente.

Otra famosa luchadora por la libertad fue Rani Lakshmibai de Jhansi. Se había casado con el maharajá de Jhansi, Gangadar Rao Newalkar, en 1842, pero su único hijo murió, dejando al maharajá sin heredero. Decidieron adoptar a un niño llamado Anand Rao, hijo de un primo, y lo rebautizaron Damodar Rao. Pero a la muerte del maharajá en 1853, los británicos aplicaron la doctrina de la caducidad y reclamaron Jhansi. Lakshmibai no se movió y, por el momento, parece que los británicos estaban dispuestos a dejar pasar el asunto.

Lakshmibai montaba a caballo y disparaba muy bien; también practicaba esgrima, levantaba pesas y luchaba. Pero no parece haber sido una maestra de la política; al menos, es difícil saber con certeza de qué lado estaba. En 1857, cuando comenzó la rebelión india en Meerut, pidió permiso a los británicos para reunir fuerzas para su propia protección. Sin embargo, el fuerte fue tomado por la infantería rebelde de Bengala, que masacró a la guarnición británica de Jhansi y la extorsionó.

Ella asumió el mando de Jhansi, pero las fuerzas de los estados de Orchha y Datia, aliadas de la Compañía de las Indias Orientales, decidieron invadirla. Muchos de los británicos creían que ella había instigado la masacre de las fuerzas británicas, así que cuando les pidió ayuda, no obtuvo respuesta. Consiguió derrotar a los invasores ella sola, y cuando los británicos aparecieron tiempo después y exigieron su rendición, defendió la ciudad con valentía, pero sin éxito.

Los británicos ya estaban en la ciudad cuando ella montó en su caballo Badal con su hijo Damodar Rao a la espalda y saltó desde las murallas del fuerte. El caballo murió, pero ella escapó con su hijo, primero a Kalpi y luego a Gwalior. Allí luchó como *sowar* (oficial de caballería) y murió en la batalla por la ciudad.

Mirabai también fue princesa, pero su vida fue muy diferente a la de la Rani de Jhansi. Nació en el seno de una familia real de Rajput en el siglo XVI, pero poco más se sabe con certeza de sus primeros años. Se convirtió en devota de Krishna y se la considera una de las grandes poetas Bhakti. Sus poemas se dirigen a él como «el oscuro» y a veces como «el que levanta la montaña», en referencia a la historia de que levantó el monte Govardhan para usarlo como paraguas. Los poemas muestran claramente su devoción personal, representándola como amante y sierva de Krishna, completamente entregada a él.

Mirabai también se ha convertido en un potente símbolo de la libertad femenina: una mujer que rechazó su herencia y se aferró a sus creencias a pesar de la oposición de su familia. Sus *bhajans* se siguen cantando hoy en día.

Sarojini Naidu era otra poeta lírica, que escribía en persa e inglés y era conocida por sus contemporáneos como «Ruiseñor de la India». Pero también fue una de las colegas de Gandhi, una ferviente nacionalista y la única mujer en el Comité de Trabajo del Congreso.

Naidu se educó en Inglaterra, donde se hizo sufragista. Llevaba un estilo de vida lujoso, se negaba a sentarse en el suelo cuando visitaba a Gandhi, a llevar ropa sencilla o a comer su «repugnante» comida, y aun así fue felizmente a la cárcel por sus principios. Tuvo que luchar contra Gandhi por el derecho a participar en la Marcha de la Sal —él pensaba que sería demasiado dura para las mujeres—, pero tras su descanso, Gandhi le dijo que lo sustituyera como líder de la campaña.

Tras la independencia, Naidu fue nombrada gobernadora de Uttar Pradesh, la primera mujer en ocupar este cargo.

Gulbadan era hija del emperador mogol Babur, hermana de Humayun y tía muy querida de Akbar. Cuando tenía 65 años, Akbar le pidió que escribiera un relato de la vida de Humayun, y es a través de sus escritos como conocemos el mundo de las mujeres reales mogoles. Describe a Hamida Banu Begum, la madre de Akbar y una gran influencia para el emperador; recoge la forma en que las mujeres reaccionaban ante el mundo que las rodeaba y el modo en que el harén ejercía influencia en los asuntos diplomáticos. Su libro es una contrapartida al relato de Abu'l-Fazl sobre el reinado de Akbar; muestra una imagen especular de la corte masculina, compuesta por mujeres.

Gulbadan parece haber tenido un carácter fuerte. Decidió peregrinar a La Meca y dirigió una peregrinación solo para mujeres que le llevó siete años. Permaneció cuatro años en La Meca y naufragó en la costa yemení cuando regresaba. Cuando murió, a la edad de ochenta años, Akbar la lloró como no parece haber hecho con nadie más que con su padre.

Mary Kom probablemente adoraría a la Rani de Jhansi y a Velu Nachiyar si pudieran encontrarse. Mangte Chungneijang Mary Kom, por poner su nombre completo, nació en una familia tribal cristiana pobre del estado de Manipur, en el noreste de la India. Empezó como atleta aficionada, corriendo y lanzando jabalina, pero decidió dedicarse al boxeo a los 15 años, ocultándoselo a su padre. Este no se enteró hasta que ganó el campeonato estatal de boxeo.

Entre sus títulos figuran seis medallas de oro en el Campeonato Mundial de Boxeo Amateur y una medalla de bronce en los Juegos Olímpicos de 2012. También es madre de tres hijos, y en 2018, ella y su marido adoptaron una hija y encontraron tiempo para sentarse en el Rajya Sabha (Senado) durante seis años.

Capítulo 10: Budismo e hinduismo

India es la cuna de tres religiones: el hinduismo, el budismo y el jainismo. Pero sus tres destinos fueron muy diferentes. El hinduismo, aunque se exportó pronto al Sudeste Asiático, ahora solo es la religión principal en la India (y, en una forma bastante diferente, en Bali). El budismo llegó a Sri Lanka, el Sudeste Asiático y China, y, a través de China, a Corea y Japón; otra forma de budismo llegó al Tíbet y Mongolia, pero la fe prácticamente se extinguió en la India después de la era medieval.

La religión jainista, en cambio, permaneció en la India. Pero, a diferencia del budismo, no se propagó activamente fuera del subcontinente. Hoy existe una gran comunidad jainista en los estados de Maharashtra, Rajastán, Karnataka y Guyarat, sobre todo en Bombay, pero en general es una pequeña minoría que representa menos del medio por ciento de la población total. Es, por cierto, la minoría con mayor índice de alfabetización con diferencia y una comunidad adinerada que participa en el comercio y las finanzas.

El hinduismo es una religión que está literalmente arraigada en el paisaje de la India, desde los lugares de la infancia de Krishna en torno a Vrindavan y Mathura o su reino en Dwarka, hasta piedras y árboles sagrados individuales. Los ríos, en particular, se consideran sagrados; muchos templos tienen esculturas del Ganges y el Yamuna personificados como diosas que custodian la puerta del santuario interior.

A veces, se recrea el paisaje sagrado. Por ejemplo, en el monte Abu, al pie del glaciar de Gangotri, en el Himalaya, hay un manantial sagrado llamado Gaumukh que se canaliza en un tanque a través a través de un chorro que sale de la cabeza de una vaca; se considera la fuente del Ganges. El ejemplo más extendido es la forma en que los templos evocan el monte Meru en el Himalaya, hogar de Shiva y centro del universo, tanto a través de la aguja del templo que representa la montaña como del santuario interior *garbhagriha* sin ventanas que representa la cueva en la que practicaba sus austeridades.

El budismo no tiene este tipo de apego al paisaje, aunque los lugares del nacimiento, la iluminación, el primer sermón y la muerte de Buda son ahora lugares de peregrinación que atraen a visitantes de todo el mundo budista. Quizá esto permitió a la religión expandirse a otros países de una forma que al hinduismo le resultó más difícil. (Incluso ahora, los hindúes ortodoxos consideran que salir de la India es una impureza. Un monje que había viajado a Estados Unidos y Europa se encontró con que los sacerdotes conservadores querían prohibirle dirigir un templo. Gandhi fue excomulgado por la casta de los Bania cuando fue a Londres a estudiar Derecho y permaneció como un paria el resto de su vida).

Desde el principio, los pensadores hindúes parecen preocupados por el origen de las cosas, por la existencia del vacío. El *Rigveda* plantea preguntas sobre la creación en lugar de contar un mito sobre la creación:

1. No había inexistencia ni existencia, entonces. No existía la atmósfera ni el cielo que está más allá.
   ¿Qué estaba oculto? ¿Dónde? ¿Protegido por quién? ¿Había agua allí insondablemente profunda?
2. No había muerte ni inmortalidad entonces. Ningún signo distinguía la noche del día.
   Uno solo respiraba sin aliento por su propio poder. Más allá de eso nada existía.
3. En el principio la oscuridad escondía la oscuridad. Todo era agua indiferenciada.
   Envuelto en el vacío, deviniendo, ese uno surgió por el poder del calor.
4. El deseo descendió sobre eso en el principio, siendo la primera semilla del pensamiento.

Los sabios, buscando con inteligencia en el corazón, encontraron el nexo entre existencia e inexistencia.
5. Su cuerda se extendió a través. ¿Había un abajo? ¿Había un arriba?
Había procreadores, había potencias. Energía abajo, impulso arriba.
6. ¿Quién sabe realmente? ¿Quién puede proclamar aquí de dónde procede, de dónde es esta creación?
Los dioses vinieron después. ¿Quién sabe, entonces, de dónde surgió?
7. ¿Esta creación de dónde surgió? Quizás fue producida o quizás no.
El que la vigila desde el cielo más alto, él sólo lo sabe. O quizás no lo sabe.
(Rigveda 10.129)

Esta preocupación por la naturaleza de la realidad da lugar a la idea de ciclos de tiempo en los que el universo se crea y se destruye una y otra vez. La idea de Brahma, Shiva y Visnú como una especie de «trinidad» de dioses es muy probablemente una interpolación victoriana, pero la dinámica de creación, conservación y destrucción es auténticamente hindú.

También el budismo tiene esta idea vertiginosa de un vacío en el centro de las cosas. El mundo está hecho de ilusiones; la vida humana es una ilusión. El nirvana, como el *moksha* hindú, es una salvación que se representa como una liberación de la multiplicidad y la naturaleza ilusoria del mundo físico. El ciclo de los tiempos también encuentra su lugar en el budismo, con el concepto de diferentes universos y diferentes eras.

Las ideas de reencarnación y karma se encuentran en ambas religiones, derivadas de la idea de ciclicidad. El karma se considera una ley natural, el funcionamiento de las cosas; cada acción acarrea sus consecuencias. Sin embargo, no hay una idea de recompensa o castigo asociada a él, como ocurre con las ideas cristianas o musulmanas de cielo e infierno; el karma es simplemente la forma en que las cosas se equilibran.

Las prácticas espirituales también son comunes en muchos aspectos entre el budismo y el hinduismo. Ambas religiones utilizan formas de yoga y meditación para liberar el alma de la distracción del mundo ilusorio; ambas utilizan mantras, cantos sagrados, como parte del ritual y la meditación. *Om*, o *Aum*, la sílaba-semilla sagrada, se considera la vibración de la que surge el mundo; invoca la realidad única tras el mundo ilusorio de las apariencias. Los mantras más comunes incluyen el nombre de un dios: Om Namah Shivaya, en honor a Shiva, o Hare Krishna Hare Rama. En el budismo, uno de los mantras más antiguos es Namo Buddhaya, «homenaje a Buda».

Aunque algunas autoridades intentan definir el hinduismo como politeísta y el budismo como monoteísta, una vez que se empieza a examinar en detalle las filosofías implicadas, existe cierta fluidez tanto en el hinduismo como en el budismo. Por ejemplo, muchos shaivitas dirán que creen que todos los dioses son uno; los budistas mahayana, una de las dos escuelas diferentes que evolucionaron a lo largo de los siglos, tienen muchos budas y bodhisattvas diferentes, pero dirán que estos también son solo ilusiones creadas para acercarnos a la verdad.

Esta fluidez está integrada en la idea de Brahman y Atman, el alma del mundo y el alma individual. El alma individual puede estar en comunión e incluso fundirse con el alma del mundo, quedando absorbida en ella. En el Bhakti, los devotos alcanzan la inmersión total en su dios: algunas fuentes cuentan que Mirabai fue absorbida físicamente por una estatua del Krishna.

Hombres y dioses se solapan. Visnú tiene varias encarnaciones o avatares, como Krishna, Rama y Buda. En el templo de Mahabodhi en Bodh Gaya, el lugar de la iluminación de Buda, la mayoría de los peregrinos son budistas, pero siempre hay algunos santones hindúes con largas barbas y cabellos blancos, vistiendo túnicas de color amarillo brillante, adorando a Visnú en el avatar de Buda. En el budismo tibetano, en cambio, algunos dioses hindúes se transforman en dioses budistas, como Ganesh, que se convierte en Ganapati, y el pequeño y alegre dios de la riqueza, Jambhala, pero son solo figuras subsidiarias, subordinadas a los Budas.

Este tipo de fluidez también es típica del arte y la arquitectura indios. Por ejemplo, muchos templos están formados por motivos repetidos que resultan ser prácticamente templos en miniatura. En la época mogol, una actividad artística especialmente deliciosa consistía en inventar elefantes o cisnes a partir de otros animales o cuerpos humanos: ¿qué es real, el elefante o las figuras humanas? No hay una respuesta fácil.

La India es una cultura alfabetizada desde el primer milenio. Las inscripciones están por todas partes: hay concesiones de tierras escritas, los pilares de Ashoka, mantras y caligrafía persa. Pero, a diferencia de las religiones judeocristianas, ni el hinduismo ni el budismo tienen un único texto sagrado, sino un *corpus* de textos de distinta autoridad. Por ejemplo, un devoto de Krishna puede leer el Bhagavad Gita como única guía, profundizando cada vez más en sus significados a medida que lo relee una y otra vez, aunque solo sea una pequeña parte del Mahabharata.

En el budismo tampoco hay un texto que esté por encima de todos. El budismo tiene un concepto de medios hábiles (*upaya*), es decir, la forma en que el mensaje de Buda puede adaptarse a cada individuo para ayudarle a alcanzar la iluminación. Puede tratarse del Tripitaka (las enseñanzas de Buda tal y como las escribieron quienes le escucharon o las recibieron a través de la tradición oral), pero también de los relatos jataka de las primeras vidas de Buda o de los textos tántricos que surgieron posteriormente. En un sermón, Buda simplemente levantó una flor y su alumno Mahakasyapa se iluminó con solo verla.

¿Por qué el budismo abandonó la India mientras que el hinduismo se mantuvo fuerte? Tras el fin del Imperio Gupta, el budismo parece haber perdido la mayor parte de su patrocinio de fuentes reales. Quizá una de las razones sea que el hinduismo cambió, con movimientos devocionales que ofrecían a los individuos una relación más significativa y personal con los dioses. Los budistas y los jainistas habían cuestionado el hinduismo ritual y el sistema de castas; el Bhakti, que no permitía que la casta se interpusiera entre el adorador y su dios, compensaba lo que había faltado en el hinduismo.

Otra posible razón es que el budismo se convirtió en una religión monástica, y los grandes monasterios budistas se divorciaron de la vida cotidiana; el budismo no ofrecía muchos consejos a los laicos. (Esto es algo que sí ofrecían los jainistas, con una enorme cantidad de consejos sobre cómo vivir bien en una familia normal). Por otro lado, el hinduismo ofrecía al individuo diversas formas de implicarse en la religión, ya fuera a través de ritos de puja, cantando *bhajans*, peregrinando o viviendo la vida de un *yogui* renunciante.

Al mismo tiempo, cuando los turcos invadieron Afganistán, el hecho de que el budismo se hubiera extendido a otros países facilitó la emigración de los monjes al Himalaya, China, Sri Lanka y el sudeste asiático. Una vez saqueados los monasterios budistas, la *sangha* se extinguió al huir sus líderes. Dado que la mayoría de los grandes centros budistas se encontraban en el norte de la India, sufrieron la peor parte de las primeras invasiones. Los hindúes, por el contrario, estaban bien representados en el sur de la India, que podía resistir las invasiones.

También hay que tener en cuenta que el budismo no necesitaba a la India del mismo modo que el hinduismo. No dependía de un paisaje sagrado, y su rechazo más profundo del mundo como ilusorio significaba que no estaba ligado a lugares sagrados del mismo modo que el hinduismo. Por otra parte, movimientos hinduistas como el *bhakti* intensificaron la presencia del hinduismo en el paisaje, por ejemplo con el redescubrimiento por Chaitanya de la tierra de Braj y el paisaje del nacimiento y los primeros años de vida de Krishna en torno a Vrindavan y Mathura.

Conclusión

La República de la India tiene ahora tres cuartos de siglo. La propia India tiene varios milenios más.

Sin embargo, la República aún tiene asuntos pendientes. Todavía hay resentimientos por el colonialismo, que saltó a la palestra recientemente con la llegada del rey Carlos III. Los indios se preguntaban si la reina consorte llevaría una corona con el famoso diamante Koh-i-Noor, que perteneció al imperio sij y, posiblemente, antes a Sah Jahan como parte de su Trono del Pavo Real. (No la llevará.)

También sigue habiendo resentimientos por la partición. Pakistán e India han tenido cuatro guerras y diversas escaramuzas, y siguen enfrentados. Bangladesh, por su parte, ha empezado a establecer una relación positiva con India. Sin embargo, el *hindutva* de Narendra Modi y su retórica antimusulmana dificultan la plena reconciliación de India con sus vecinos musulmanes.

Sigue siendo un reto conseguir que estados más pobres como Bihar y Rajastán alcancen el estatus de estados más ricos como Guyarat y Kerala. Las tasas de alfabetización, producción económica y riqueza varían mucho de un estado a otro, de ahí la presencia de muchos trabajadores emigrantes de los estados más pobres en Delhi y otras grandes ciudades.

Pero, sin duda, la India apunta hacia el futuro. Los jóvenes indios suelen estar extraordinariamente bien formados, sobre todo en materias científicas y tecnológicas; India tiene una enorme economía de alta tecnología. Todos están conectados a WhatsApp y Facebook, incluso en las pequeñas aldeas, y la India se ha convertido en el mercado de pagos por móvil de más rápido crecimiento del mundo. Como el inglés está muy extendido, el país se ha convertido en sede de numerosos centros de llamadas, centros de asistencia técnica y empresas de subcontratación de software.

Desde el punto de vista económico, India se ha visto eclipsada por China. Pero gran parte del reciente progreso de China se ha visto impulsado por un elevado endeudamiento, y las empresas chinas no destacan por su calidad. Además, las empresas chinas están controladas por el Estado. En India, en cambio, cualquiera puede crear una empresa; el costo de entrada es bajo y la desregulación ha eliminado muchos de los obstáculos del *raj* de Licencias. El futuro está lleno de oportunidades.

¿El futuro de la India? El campus de la Indian School of Business en Mohali
MBAaspire11, CC BY-SA 3.0 <https://creativecommons.org/licenses/by-sa/3.0>, *vía Wikimedia Commons.* https://en.wikipedia.org/wiki/File:ISB%27s_Mohali_Campus.jpg

Sin embargo, la India conserva su peculiar cultura en un mundo moderno. Por ejemplo, la medicina ayurvédica tradicional se investiga ahora de forma científica y se enseña como opción en las facultades de medicina a estudiantes que ya han aprendido ciencias y anatomía occidentales. Los puestos de té y los salones de *faludá* siguen superando en número a los McDonald's. Y dependiendo de la ciudad, puede que todavía le despierte de madrugada el muecín o el sonido de los altavoces emitiendo «Om Nama Shivaya» desde el templo local.

India podría convertirse en el «subcontinente del silicio». Podría arrasar en el mundo de las energías renovables. Pero pase lo que pase, nunca se parecerá a ningún otro lugar.

Fechas

2600-1700 a. e. c.	Civilización Harappa
1500-500 a. e. c.	Compilación de los Vedas
Siglo VI a. e. c.	Primeros estados de la llanura indogangética: Mahavira, Buda
327-5 a. e. c.	Alejandro Magno en la India
321 a. e. c.	Chandragupta funda la dinastía Maurya
268 a. e. c.	Ashoka accede al trono
185 a. e. c.	Fin del reinado de Maurya
180-65 a. e. c.	Gobierno de Menandro: Dinastía indogriega en el NO
Siglo I e. c.	Fundación del Estado Kushán
320	Ascensión de Chandragupta, fundador de la dinastía Gupta
410	Visita de Fa Hsien, el "Mono"
c. 550	Comienza la dinastía Chalukya, en Badami

c. 570	Dominio pallava en Kanchi
712	Conquista árabe de Sind
752	Los Rashtrakuta derrotan a los Chalukya
770	Dinastía Pala, este de la India
c. 900	Los Chola se hacen poderosos en el sur de la India
973	Los Chalukya derrotan a los Rashtrakuta
1075	Ramanuja
1110	Auge de la dinastía Hoysala
1192	Batalla de Tarain, Muhammad de Gur derrota a Chauhan
1206	Establecimiento del sultanato de Delhi
1279	Fin del poder Chola
1398	Tamerlán saquea Delhi
1526	Primera batalla de Panipat, en la que Babur derrota al sultanato Lodi de Delhi
1540	Sher Shah Suri establece el Imperio Suri tras conquistar Humayun
1555	Humayun reconquista el Indostán
1556	Ascensión de Akbar: Segunda batalla de Panipat, los mogoles derrotan a los afganos
1562	Akbar suprime el impuesto *yizia* a los no musulmanes
1572	Akbar toma Ahmedabad, Guyarat

1574	Akbar toma Patna
1600	Fundación de la Compañía de las Indias Orientales
1739	Los persas saquean Delhi
1751	Robert Clive toma Arcot
1757	Los británicos derrotan a Siraj ud-Daulah en Bengala
1784	La Ley de la India pone a la EIC bajo control gubernamental.
1799	Tipu, sultán de Mysore, muere en batalla, los británicos toman Seringapatam
1843	Los británicos capturan Sind: doctrina de la caducidad
1853	Se construye el ferrocarril de Thane a Bombay, el primero de la India
1857	Motín de los cipayos/primera guerra de Independencia
1876	Proclamación de la reina Victoria como emperatriz de la India
1911	Delhi se convierte en capital
1919	Masacre de Jallianwala Bagh, Amritsar
1930	La Marcha de la Sal
1947	Independencia, partición de la India
1975	Incorporación de Sikkim a la India

Glosario

Ahimsa: no violencia, principio central de las religiones budista y jainista.

Ashram: ermita o comunidad religiosa.

Bhajan: canción devocional (hindú).

Bhakti: movimiento que propugna la salvación mediante una intensa devoción personal a un dios.

Bharat: India (como en el Mahabharata).

Chaitya: lugar de culto budista.

Chakravartin: «gobernante del mundo», el gobernante universal ideal; se aplica a los gobernantes cuyo imperio incluye reinos anteriormente separados o es de gran extensión (por ejemplo, Ashoka).

Cipayo: soldado indio.

Darshan: «contemplación» de un ídolo, una experiencia religiosa que otorga bendiciones al devoto.

Dhoti: taparrabos.

Factoría: en su sentido original, un puesto comercial a través del cual una potencia extranjera podía canalizar su comercio con la India.

Gana-sangha: gobierno por asamblea tribal, en el que un rey (rajá) gobernaba con la ayuda de la asamblea.

Gopura: puerta en forma de torre (sur de la India).

Hajj: peregrinación musulmana a La Meca.

Hindutva: ideología que considera que la India es esencialmente (y potencialmente, exclusivamente) hindú, defendida por la derecha y por el partido BJP.

Jagir: distrito cuyos ingresos fiscales se asignaban a un titular, el *jagirdar*, bajo la administración mogol.

Jauhar: autoinmolación cuando era obvio que se iba a tomar un fuerte. Las mujeres solían inmolarse y los hombres se lanzaban en una salida suicida contra el enemigo.

Yizia: impuesto especial sobre los no musulmanes.

Mandapa: sala con columnas para rituales públicos, a menudo unida al santuario de un templo, pero a veces separada.

Mandir: templo.

Mansab: grado de sueldo militar en el imperio mogol, ocupado por un *mansabdar*.

Matha o mutt: monasterio hindú.

Moksha: salvación (para los hindúes): concepto similar al nirvana budista.

Puja: culto a una deidad dándole comida, incienso, etc.

Qawwali: forma de canto devocional musulmán.

Raga: modo musical básico que incluye una escala y ciertos motivos melódicos.

Raj: «dominio»; *raj* británico, el periodo de dominio británico directo de la India de 1858 a 1947.

Rajá, maharajá: gobernante, gran gobernante: título de los reyes indios.

Sallekhana: voto jainista de ayunar hasta la muerte; reducción gradual de la ingesta de alimentos.

Sangha: comunidad; en concreto, la comunidad monástica budista.

Sari: forma de vestir de las mujeres indias consistente en una sola pieza de tela drapeada.

Satí o suttee: inmolación de una viuda en la pira funeraria de su marido fallecido, actualmente tipificada como delito.

Satyagraha: protesta no violenta o desobediencia civil.

Shaivita: secta o persona devota del dios Shiva.

Shikara: aguja de un templo indio de estilo nórdico.

Sowar: guerrero indio a caballo.

Stupa: montículo erigido para albergar reliquias budistas.

Swadeshi: «hecho en la India»; movimiento para boicotear las importaciones británicas y utilizar únicamente materiales y productos indios.

Swaraj: independencia.

Vaishnavita: persona o secta devota del dios Visnú.

Vihara: monasterio budista.

Vimana: aguja de un templo indio de estilo meridional.

Zamindar: terrateniente que arrienda sus tierras a agricultores arrendatarios.

Vea más libros escritos por Enthralling History

Bibliografía

Anon. Rig Veda. Translated Griffith, Ralph TH. 1896.

Babur: tr. Annette Susannah Beveridge. Baburnama, a memoir. 2017 (reimpresión).

Bharne V & Kruske B. Rediscovering the Hindu Temple. Cambridge Scholars Publishing. 2012.

Chakravarty, Sudeep. Plassey: The Battle That Changed the Course of Indian History. 2020.

Collins, Larry & Lapierre, Dominique. Freedom at Midnight. 1975.

Dalrymple, William. White Mughals. Penguin. 2002.

– Nine Lives. In Search of the Sacred in Modern India. Bloomsbury. 2009.

– The Anarchy: The Relentless Rise of the East India Company. Bloomsbury. 2019.

Eck, Diana. India, a Sacred Geography. 2011.

Eraly, Abraham. The Mughal World. 2007.

Gandhi, Mahatma. Third Class in Indian Railways. 1917.

Godden, Rumer. Gulbadan: Portrait of a Rose Princess at the Mughal Court. 1980.

Herman, Arthur. Gandhi and Churchill: The Epic Rivalry That Destroyed an Empire and Forged Our Age. Random House Digital. 2008.

Michell, George: The Hindu Temple. University of Chicago Press. 1988.

Mukhoty, Ira. Akbar the Great Mughal: A Definitive Biography. 2020.

Nossov, Konstantin. Indian Castles 1206-1526.

Preston, Diana and Michael: A Teardrop on the Cheek of Time. Doubleday. 2007.

Smith, Vincent. Ashoka: The Buddhist Emperor of India. Clarendon Press, Oxford, 1920.

Thapar, Romila. The Penguin History of Early India from the Origins to AD 1300. London 2002.

Tharoor, Shashi. India: From Midnight to the Millennium. 1997.

--- Inglorious Empire: What the British Did to India. 2016.

--- Why I Am a Hindu. 2018.

--- Ambedkar: A life. 2022.

Video

"Sarmada Foundation: Madhubani, a sacred tradition"

https://www.youtube.com/watch?v=XO7KPnENbf4&list=WL&index=201&t=1s

www.ingramcontent.com/pod-product-compliance
Lightning Source LLC
LaVergne TN
LVHW051748080426
835511LV00018B/3269